Wilhelm Busch

Die Berliner Märztage von 1848

Die Ereignisse und ihre Überlieferung

Wilhelm Busch

Die Berliner Märztage von 1848

Die Ereignisse und ihre Überlieferung

ISBN/EAN: 9783955642211

Auflage: 1

Erscheinungsjahr: 2013

Erscheinungsort: Bremen, Deutschland

@ EHV-History in Access Verlag GmbH, Fahrenheitstr. 1, 28359 Bremen. Alle Rechte beim Verlag und bei den jeweiligen Lizenzgebern.

Historische Bibliothek.

Herausgegeben von der

Redaktion der Historischen Zeitschrift.

Siebenter Band:

Die Berliner Märztage von 1848.

Von

Prof. Dr. Wilhelm Busch.

München und Leipzig.
Druck und Verlag von R. Oldenbourg.
1899.

Die Berliner Märztage
von 1848.

Die Ereignisse und ihre Überlieferung.

Von

Dr. Wilhelm Busch,
ord. Professor der Geschichte an der Universität Tübingen.

München und Leipzig.
Druck und Verlag von R. Oldenbourg.
1899.

Inhalts-Verzeichnis.

	Seite
Die Revolution und der König	1
Die Überlieferung. Versuch einer Kritik der Quellen	42
Die Ereignisse vor dem Schloß am Mittag des 18. März	52
Die Ereignisse im Schloß am Morgen des 19. März bis zum Rückzugsbefehl für die Truppen	59
Der Befehl zum Rückzug der Truppen und seine Ausführung	64
Die Leichenzüge und die Scenen im Schloß nach dem Abmarsch der Truppen	68
Der Fluchtplan des Königs	73

Die Revolution und der König.

Über ein halbes Jahrhundert ist jetzt seit den Ereignissen vergangen, durch welche für Preußen endgültig der Weg zu seiner Verfassung frei gemacht wurde, und die auf die Art, wie sich diese Verfassung gestaltet hat, entscheidenden Einfluß hatten. So bedeutsam diese Ereignisse somit für Preußen und in weiterem Sinne für Deutschland waren, so können wir nie mit ungeteilten Empfindungen auf sie zurückblicken, weil sie zugleich mit der größten Demütigung des staatschaffenden Königtums der Hohenzollern verbunden waren. Kaum minder schrecklich als der Zusammenbruch des preußischen Staates bei Jena 1806 war der Zusammenbruch des Königtums in den Märztagen 1848.

Der Versuch einer geschichtlich unbefangenen Beurteilung und einer auf gründlicher Forschung beruhenden Darstellung der Märzereignisse ist gewiß lohnend.[1]) Jene Ereignisse liegen abgeschlossen hinter uns, sind in ihren Wirkungen zu überschauen, wir stehen den handelnden Personen in der nötigen geschichtlichen Entfernung gegenüber. Ferner besitzen wir trotz mancher beklagenswerten Lücke eine Fülle ursprünglicher und obendrein

---

[1]) Die wichtigsten der hier erzählten Vorgänge werde ich in der besonderen nachfolgenden kritischen Untersuchung behandeln: die Scene auf dem Schloßplatz am 18. März, die Vorgänge im Schloß am 19., die Entscheidung über den Rückzug der Truppen und dessen Ausführung, die Scenen bei dem Leichenzug und den Fluchtplan des Königs, womit sich eine vergleichende Prüfung der benutzten Quellen verbinden soll. Ich beschränke mich daher in den folgenden Noten auf die nötigen Nachweise und Bemerkungen für die übrigen hier erzählten Ereignisse.

allgemein zugänglicher Nachrichten, die sich fortdauernd vermehren.

Wie bei dem ersten Durchdringen des nationalen Gedankens in Deutschland zur Zeit der Freiheitskriege, so sehen wir auch in der zur Revolution führenden Bewegung der 40er Jahre freiheitliche und nationale Forderungen eng vereinigt. Waren sie zur Zeit der Freiheitskriege beide unerfüllt geblieben, so sollte es jetzt zwar gelingen, das Streben nach einer freiheitlichen Verfassung sogar in Österreich und Preußen zum Siege zu führen, das Streben nach einer deutschen Einheit dagegen sollte scheitern wie früher, weil die Erkenntnis noch nicht zur vollen Klarheit durchgedrungen war, daß die Umschließung der beiden Großstaaten Österreich und Preußen durch dasselbe staatliche Einheitsband unmöglich war, daß die Frage der Zukunft für Deutschland zunächst dahin ging, ob der deutsche Großstaat Preußen gegenüber dem undeutsch gewordenen Österreich die Führung im eigentlichen Deutschland würde erkämpfen können.

Kein Mensch in Deutschland stand dieser Fragestellung ferner als der, auf den alles dabei ankam, der Preußenkönig Friedrich Wilhelm IV. Gewiß war auch er vom nationalen Gedanken berührt, aber er lebte in einer Welt, die gewesen. Er konnte sich ein einiges Deutschland nur vorstellen im mittelalterlichen Schmuck der römischen Kaiserkrone, die keinem andern als dem alten Erzhaus zukam, neben dem dann der moderne preußische Staat in irgend einer Form sein Unterkommen in diesem auferweckten alten Kaiserreiche suchen mußte, und seine Phantasie war unerschöpflich in wechselnden Vorschlägen für die Schaffung eines solchen Answeges.

Ohne die geringste Empfindung für die geschichtlich gegebene Stellung seines Staates war für Friedrich Wilhelm eine deutsche Einheit ohne die vorwaltende österreichische Monarchie einfach undenkbar. Schon hatte er versucht einen Weg zur Lösung der deutschen Frage im Bunde mit Österreich zu finden und er war auch in Wien infolge des Druckes der beginnenden revolutionären Bewegung einer sonst undenkbaren vorläufigen Zustimmung begegnet. Da aber wurden alle derartigen Versuche

durch die hereinbrechende deutsche Revolution im Beginn zu
nichte gemacht.

Wohl that die Pariser Revolution, vor der am 24. Februar
1848 der Thron des Orleans Louis Philippe zusammenstürzte,
auch in außerdeutschen Ländern ihre Wirkung, kleinere Bewe=
gungen geschahen in England, Irland und Belgien, aber ihre
größten Folgen hatte sie in Deutschland, besonders in Österreich
und Preußen. Was half es, daß jetzt selbst einem Bundestag
und einem Metternich ein Bewußtsein ihrer Sünden aufdämmerte,
das Volk nahm in der über ganz Deutschland dahingehenden
Erregung seine Sache selbst in die Hand, die Regierungen beugten
sich angstvoll vor seinen Sturmforderungen, und sie alle mußte
bleicher Schrecken erfassen, als in Wien die Herrschaft des Fürsten
Metternich am 13. März vor dem ersten Windhauch der Revolution
wie ein Kartenhaus zusammenfiel. Der Sturz des Mannes, der
als der festeste Hort der bestehenden staatlichen Verhältnisse in
Deutschland galt, erregte das gewaltigste Aufsehen, trotzdem
aber zeigte sich die Wiener Revolution immer mehr als ein
ausschließlich österreichisches Ereignis, das nur mittelbar auf
das übrige Deutschland einwirkte; nicht in Wien, sondern in
Berlin sollte der Revolutionskampf ausgefochten werden, in
dem zugleich eine große Entscheidung für Deutschlands Zu=
kunft lag.

Auch in Preußen war der Boden für eine Revolution ge=
nügend vorbereitet. Indem das Königtum versäumte, gemäß
Steins Forderung aus seinem eigenen Entschluß Preußen von
dem gebundenen absoluten Staat in den freien Verfassungsstaat
hinüberzuführen, hat es die Erzwingung dieser Forderung durch
die Revolution schließlich unvermeidlich gemacht. Gewiß waren
die früheren weitgehenden Verheißungen Hardenbergs voreilig
gewesen, aber mit ihnen war einmal das königliche Wort für
eine Verfassung verpfändet, und dieses Wort war in den preußi=
schen Provinzialständen doch nur scheinbar, nur äußerlich, niemals
aber seinem Sinne gemäß eingelöst worden. Hielten sich die
lauten Wünsche vor dem greisen Könige Friedrich Wilhelm III.
noch zurück, so wurde das anders unter seinem Sohn, der selbst

lebhaft, geistvoll, mit starker Empfindung redend und handelnd persönlich vor die Menschen hintrat.

Wohl umgab Friedrich Wilhelm IV., als er zum Throne kam, ein Schein liberaler Anschauungen infolge seiner freimütigen Art sich zu äußern, zumal bei seinem sichtbaren starken Gegensatz zu dem bureaukratischen Regiment der alten Monarchie. Der Schein aber verschwand schnell, denn niemand haßte den Liberalismus mit all seinen Forderungen und Glaubenssätzen mehr als König Friedrich Wilhelm IV. In der Frage der inneren preußischen Reformen ging es ihm nicht anders als in der deutschen Frage. Er lebte auch hier in einer toten Vergangenheit, er wollte in seinem modernen Preußen den geschichtlich längst abgelebten Ständestaat, den seine Phantasie frei schaffend mit reichem Schmuckwerk ausbaute, zu neuem, eigenartigem Leben erwecken, und darin Reineres und Echteres bieten als in einer Konstitution liberaler Färbung. In den von ihm selbst geförderten provinzialständischen Verfassungen glaubte er den ersten großen Schritt zu diesem hohen Ziele gethan zu sehen. Diese ständischen Liebhabereien änderten dabei nichts an dem absolutistischen Empfinden des Königs, das bei seinen mystisch überspannten Anschauungen von der besonderen göttlichen Weihe des gekrönten Königs im Grunde noch stärker war als das seines Vaters.

Gerade das öftere Hervortreten dieser absolutistischen Sinnesrichtung bei jahrelangem Hinzögern mit den erwarteten entscheidenden Entschlüssen und bei nur unbefriedigenden, erfolglosen ständischen Experimenten, alles das steigerte die gereizte und erbitterte Stimmung im Lande. Als auch der letzte Versuch gescheitert war, durch die 1847 zum Vereinigten Landtag berufenen preußischen Provinzialstände eine Einigung der konstitutionsfeindlichen Anschauungen des Königs mit den konstitutionellen Forderungen des Volkes herbeizuführen, da stand man zunächst am Ende.

An Rat hat es dem König weder damals noch früher gefehlt; denn schon seit Jahren drängte der Minister des Innern, Ernst von Bodelschwingh, daß man durch konstitutionelle Ein richtungen einer revolutionären Bewegung zuvorkommen müsse. Den ständischen Plänen und Experimenten des Königs stand Bodelschwingh durchaus entgegen. Er hatte sich nur dadurch zu ihrer Vertretung nach außen bestimmen lassen, daß der König ihm geradezu erklärte, jedenfalls nichts anderes und ohne Bodelschwinghs Hilfe überhaupt nichts thun zu wollen. Seit dem Oktober 1847 aber, so klagte der spätere Kamarillaführer General von Gerlach, habe Bodelschwingh bei dem König auf ein konstitutionelles Ministerium hingedrängt. Jedoch mußte der Minister noch andere und zwar wenig erwünschte Hilfe von außen erhalten, ehe er durchbrang. Die wenigen Zugeständnisse, zu denen sich Friedrich Wilhelm noch bewegen ließ, kamen zu spärlich und zu spät, sie kamen, als von Paris aus die neue Losung gegeben war.

Schon inmitten der drängenden Bewegung sagte der König durch die Botschaft vom 5. März den tags darauf entlassenen ständischen Ausschüssen die bisher verweigerte periodische Berufung des Vereinigten Landtages zu. Am 8. März ging im Ministerium der Kampf um den Erlaß eines Preßgesetzes im Anschluß an einen Bundestagsbeschluß, aber durch den Widerstand der vom Prinzen von Preußen geführten Mehrheit gegen Bodelschwingh kam es nur zu einer kahlen Zukunftsvertröstung, zur Verheißung einer Reform des Preßgesetzes. Solche spärlichen Zugeständnisse genügten natürlich längst nicht mehr, aber es war doch Bodelschwingh in diesen Kämpfen gelungen, eine stärkere Einwirkung auf den König auszuüben, so daß dieser nach Gerlachs Mitteilung schon am 8. März den „von ihm verabscheuten Konstitutionalismus an Bodelschwingh konzediert hatte".[1]

Somit schien der schon seit Jahren von Bodelschwingh geführte Kampf endlich zu dem erwünschten Ende kommen zu

---

[1] Gerlach I, 127. Über Bodelschwinghs Stellung zur Verfassungsangelegenheit geben Aufschluß die Veröffentlichungen aus seinen Papieren in v. Diest, „Meine Erlebnisse im Jahre 1848 2c.", Berlin 1898, früher zum Teil gedruckt in der „Kölnischen Zeitung", April 1889, und in den Pertheßschen Aufzeichnungen, „Preuß. Jahrb." 63 (1889), S. 530 f.

sollen. Aber auch jetzt hätten Bodelschwinghs Gründe und sein Drängen allein schwerlich mehr vermocht als früher. Den stärksten Beistand leistete ihm die Besorgnis erregende Gestaltung aller äußeren Verhältnisse, besonders die Unruhe, die in diesen revolutionären Wochen auch die preußische Hauptstadt ergriffen hatte.

Seit am 28. Februar die Pariser Ereignisse bekannt geworden waren, begann das bisher so stille Berlin ein ganz verändertes Bild öffentlichen Lebens zu zeigen. In den Wirtshäusern, besonders im Lesezimmer der „Zeitungshalle", wurden die Ereignisse vorgelesen und laut und eifrig besprochen. Aus diesen kleineren Vereinigungen erwuchsen bald größere Volksversammlungen; die erste fand am 6. März, an demselben Tage statt, an dem der König die vereinigten Ausschüsse des Landtags mit dem ersten endlich ihm abgenötigten Zugeständnis entließ. Die Volksversammlungen geschahen in den jedem Berliner bekannten Gartenwirtschaften der „Zelte" am Rande des Tiergartens. Die Versammlung des 6. März war noch nicht sehr zahlreich besucht; am folgenden Tage kamen Hunderte zusammen und man beschloß die Absendung einer Adresse an den König mit den damals allgemein aufgestellten Forderungen: vor allem der Preß- und Redefreiheit, der Berufung eines deutschen Parlaments und für Preußen des Vereinigten Landtages. Noch stärker schwoll die Menge am 9. März an, als bekannt gegeben war, daß der König die unmittelbare Annahme der Adresse ablehne, und als nun über die Form der Überreichung beschlossen werden sollte.

An demselben Tage hielten die Stadtverordneten vor gedrängten Zuhörerscharen eine öffentliche Sitzung ab, in der sie gleichfalls über eine Adresse an den König, zugleich über Maßregeln für die arbeitenden Klassen und die Bildung bürgerlicher Schutzwachen berieten, am 11. wurde die Adresse beschlossen und der Magistrat zur Aufnahme von Verhandlungen über die Bildung von bürgerlichen Schutzkommissionen aufgefordert. Nebenher gingen erregte Versammlungen der Studenten und der Erlaß einer Adresse von Arbeitern, die ein besonderes Ministerium für

Arbeiter forderte. An den König gelangte freilich nur die Adresse der städtischen Behörden, deren Vertreter der Monarch empfing.

Schon bei der Versammlung am 9. März war Militär in den Straßen aufgeboten, aber bei der Ruhe, welche die Teilnehmer wahrten, kam es zu keinerlei Reibungen, wenn auch das stärkere militärische Aufgebot überhaupt als Beweis unverdienten Mißtrauens galt und das dadurch hie und da bewirkte Drängen und Stoßen manchen wackeren Berliner ärgerte und schon eine etwas gereizte Stimmung zwischen Volk und Militär aufkommen ließ. Als am Montag dem 13. Scharen auf Scharen nach den Zelten strömten, wurden größere Truppenmengen vereinigt, und nun begann der Janhagel bei der Rückkehr die Soldaten zu höhnen und mit Steinen zu bewerfen. Darauf ging Reiterei gegen das Volk vor, allerdings stellenweise, wie an der Stechbahn beim Schlosse, mit erheblichem Ungeschick und bei dem längst gestachelten Ingrimm der Mannschaften mit überflüssiger Schneidigkeit; von der Schußwaffe wurde kein Gebrauch gemacht.[1]) Daß gerade Unschuldige getroffen wurden, damals sogar ein in der Menge stehender Offizier, ist ein Unglück, welches bei solchen Gelegenheiten immer wiederkehrt. Es war aber ein Grund, die Erbitterung gegen die Truppen zu schüren, wobei die sehr geringe Zahl der Opfer lächerlich übertrieben wurde. So herrschte eine das Ganze von Tag zu Tag mehr ergreifende Spannung, die durch nichts gemildert, dagegen durch jede Kleinigkeit, jedes hinüber und herüber gehende Scheltwort vermehrt wurde, bis

---

[1]) Daß die Angriffe zuerst von der Menge ausgegangen sind, bezeugt noch neuerdings Genée, „Zeiten und Menschen" (Berlin 1897), S. 57, während Frenzel in der Dtsch. Rdsch. 94 (1898), S. 363 f., die erste Aufreizung in dem Erscheinen des Militärs während der vorhergehenden Tage überhaupt sehen will; sehr anschaulich ist bei ihm die Schilderung der wachsenden Spannung zwischen Volk und Truppen. Der französische Gesandte Graf Circourt war der Meinung, daß die Polizei durch ihre halben Maßregeln die Unruhstifter angereizt hätte, statt sie mit Energie zu unterdrücken (Revue de Paris 1896, S. 390, 392.) — Zu der Scene an der Stechbahn vergleiche außer den Mitteilungen in der Wolffschen Revolutionschronik die in der „Vossischen Zeitung" 1892, Sonntagsbeilage Nr. 10, mitgeteilte persönliche Erinnerung.

dann die ersten heftigeren Reibungen sie auf einen Punkt brachten, daß nur ein Anstoß nötig war, um eine furchtbare Entladung zu bewirken. Am 14. kam es trotz eines warnenden Erlasses der Behörden zu neuen Zusammenstößen und zu den ersten Versuchen des Barrikadenbaues.

Die Polizei und das Militär hatten es aber nicht mit der Berliner Bevölkerung allein zu thun. Die zeitgenössischen bürgerlichen Berichterstatter, die bei den Ereignissen zugegen waren, leugnen es fast durchgehends ab, daß fremde Sendlinge als Revolutionsleiter vorhanden gewesen seien; darauf läßt sich nur sagen, daß ihnen dann die Führung, unter deren Einfluß sie zum Teil selbst gestanden haben, nicht bewußt geworden ist. Wenn uns leider auch jedes Zeugnis aus den Kreisen dieser revolutionären Leiter selbst fehlt, so ist doch kein Zweifel, daß einheimische und fremde Elemente hinter der Masse der Bürgerschaft bewußt auf Revolution und Straßenkampf hinarbeiteten. Sie waren der Polizei zum guten Teil bekannt, und mit Recht hielt sich ein fremder Beobachter darüber auf, daß man nicht daran dachte, gerade diese Leute unschädlich zu machen. Es gelang der Polizei sogar hinter ihre Pläne zu kommen, die sie für die einzelnen Tage ausgegeben hatten und deren Ausführung genau so, wie sie dann am 15. und 18. März geschah, vorausgesagt werden konnte. Die meisten der in der eigenen Erregung mit fortgerissenen Teilnehmer, die wohl alle aus innerem Drang und mit freiem Antrieb zu handeln überzeugt waren, erscheinen uns dabei in ihren Berichten über diese Ereignisse nicht viel anders als die in der Front kämpfenden Truppen, die ahnungslos sind über die Pläne der höheren, in diesem Fall ihnen sogar unbekannten Führer.

Der freilich in ihrer Masse ganz improvisierten Revolutionsarmee fehlten die höheren und die niederen Führer durchaus nicht. Viele Fremde waren in Berlin zusammengeströmt; da waren Deutsche aus dem Westen und Süden, Franzosen und besonders die Allerweltsverschwörer und Gewohnheitsrevolutionäre, die Polen. In Berlin haben Leute bei der Revolution mitgewirkt, die schon in Paris und Wien teilgenommen hatten — man muß diese Anstifter nur nicht in dem zerlumpten Proletarier sehen wollen, der ihnen bloß ihre schlagbereite Truppe stellte, in Berlin wie in Paris und Wien.

Am 15. März meldete der Polizeipräsident von Minutoli, daß die Angriffspläne für diesen Tag gegen das Schloß gerichtet seien, und da damals dessen Portale ohne Thore waren und der ungehinderte Durchgang durch die Höfe möglich war, so forderte er ihre militärische Besetzung. Um 5 Uhr geschah der vorhergesagte Angriff; die Truppen wurden mit Steinen beworfen, mehrere verwundet; der Gouverneur General von Pfuel verhinderte jede Erwiderung, worüber es zu heftiger Auseinandersetzung mit dem Prinzen von Preußen kam. Später mußten die Ulanen den Schloßplatz säubern, aber in der Brüder- und Breitestraße sperrten ihnen Barrikaden den Weg, und als die Infanterie diese nahm, fielen aus ihren Reihen die ersten Schüsse in diesen Straßenkämpfen, vor denen die Gegner auseinanderstoben.

Am 16. gelangte die Nachricht von der Wiener Revolution zur Kenntnis der Bevölkerung, die Erregung stieg, am gleichen Tage wurden die von den Stadtverordneten geforderten Schutzkommissionen gebildet, aber ohne Bewaffnung; die Bürger und Studenten, die sich meldeten, erhielten als Abzeichen eine schwarzweiße Binde und einen kurzen weißen Stab, wurden aber in ihrer eigenen Wehrlosigkeit das Ziel für den Spott der revoltierenden Menge. Bei der nicht sehr geregelten Art der Zulassung ist es auch vielen verdächtigen Elementen gelungen, Aufnahme in ihren Reihen zu finden. Da die Schutzmannschaften zur Ruhestiftung nur über die Waffe gütigen Zuredens verfügten, so geschah es ihnen gleich am 16. März gegenüber einer Ansammlung auf dem Opernplatz, daß sie selbst schleunigst auf die Wache flüchten und das Militär zu ihrem eigenen Schutz vorrücken lassen mußten. Als von diesem ein Zug Infanterie vor dem Zeughaus von der Menge völlig eingeschlossen wurde, ließ der befehligende Hauptmann Feuer geben, drei Opfer fielen, und sofort war der Platz „wie abgefegt." Da die Kugeln wie gewöhnlich nicht die eigentlichen Übelthäter, sondern Zuschauer getroffen hatten, wandte sich die Erbitterung in steigendem Maße gegen die Truppen.¹)

Den Straßenunruhen kam besonders das schöne und milde Wetter zu statten; „ein paar Regentage — schrieb der damalige Major von Roon, der spätere Kriegsminister — würden alles enden, besser und kürzer als Schutzkommissionen und Militärgewalt."²)

Bis zum 16. aber war die Lage in Berlin äußerst bedenklich geworden, und wenn wir auch an der planmäßig vorbereitenden Arbeit eines engeren Kreises revolutionärer Hetzer nicht zweifeln können, so hatte doch die tiefgehende Erregung und Erbitterung auch weite und gerade die besseren Kreise der Bürgerschaft erfaßt. Hier konnte ein Funke furchtbar zünden.

Während so draußen die Flut höher und höher stieg, suchte Bobelschwingh immer noch rechtzeitig die sie einengenden Dämme der alten staatlichen Ordnung wegzuräumen, ehe es zu einer revolutionären Überflutung kam. Endlich setzte er am 12. März den entscheidenden Beschluß durch, den Vereinigten Landtag zur Beratung einer Verfassung zu berufen, „nach welcher die Gesetzgebungsgewalt und das Besteuerungsrecht zwischen den Ständen und dem König geteilt ist, die Vollziehungsgewalt aber dem Könige verbleibt, um sie durch ein der Krone und den Ständen verantwortliches Ministerium auszuüben."³) Am 12. März war somit beim König und Ministerium die große und entscheidende Wendung zum Konstitutionalismus geschehen. Aber erst am 14. März, einen Tag nachdem das erste Blut in den Straßen Berlins geflossen war, erging der königliche Erlaß, der

---

¹) Signatura temporis (Verf. war Leo) S. 20, Gerlach I, S. 132 f., vgl. Wolff I, S. 89, Genée S. 58 f., Frenzel, Dtsch. Rdsch. 98, S. 366.

²) Roons Denkwürdigkeiten I, S. 134 f., vgl. Natzmer III, S. 185.

³) Wörtlich nach einer Januar 1849 in der „Kreuzzeitung" von Bobelschwingh anonym gegebenen Darstellung, bei Diest S. 28 f.; vgl. Sybel in der Hist. Zeitschrift 63, S. 431. Den Erlaß vom 14. März s. bei Wolff I, S. 67. Für das Folgende vgl. Bobelschwinghs Brief an Fallenstein, bei Diest S. 15 f. und die Zeitungsveröffentlichung ebd. 29 f.

sich obenbrein über die volle Bedeutung der neuen Maßnahmen in Schweigen hüllte und nur im allgemeinen von einer „Regeneration des deutschen Bundes", Vereinigung des deutschen Volkes, seiner Kräftigung durch „freie Institutionen" sprach; für die dadurch bedingten Maßregeln für Preußen wurde der Vereinigte Landtag auf den 27. April einberufen.

Dieser Termin war auffallend spät angesetzt, und Bodelschwingh selbst hat das mit der vorhergegangenen Sendung des Generals von Radowitz nach Wien begründet, der dort über des Königs deutsche Pläne verhandelt und gerade Metternichs Zustimmung zur Berufung eines Fürstenkongresses erlangt hatte, auf dem die geplante Bundesreform beraten werden sollte. Da dessen Zusammentritt in Dresden auf den 25. März angesetzt war, so wollte man in Berlin erst seine Ergebnisse abwarten.

Wenn wir auch jetzt die Wendung vom 12. März zu würdigen vermögen, so brauchen wir nur zu bedenken, wie es schon auf den Straßen aussah und wie die Gemüter erregt waren, um zu begreifen, daß der etwas farblose Erlaß vom 14. mit der unverständlich lang hinausgeschobenen Berufung des Vereinigten Landtages ebenso geringen Eindruck auf die Bevölkerung machte wie die gleichzeitige Antwort des Königs bei der Entgegennahme der Adresse der städtischen Behörden. Er sprach dabei von seinem jetzt gefaßten Entschluß und verkündete seine Losung: „Freie Völker, freie Fürsten". Vielmehr stieg der Tumult, und eine rauhe Antwort war gerade der für den 15. planmäßig vorbereitete Angriff auf das Schloß.

Um so kräftiger setzte Bodelschwingh ein. Er forderte nachdrücklichere Maßnahmen, besonders die Berufung neuer Minister, die das öffentliche Vertrauen besäßen. Es war ein trauriges Verhängnis für diesen Mann, daß er seine eigene Entlassung fordern mußte, um die Durchführung der seit Jahren von ihm verfochtenen Ideen zu sichern. Er fühlte sich verbraucht, und gerade dadurch verbraucht, daß er, um nicht alles zu gefährden, das patriotische Opfer gebracht und des Königs ständische Pläne nach außen vertreten hatte, die nicht die seinigen gewesen waren.

Als jetzt seine Ideen verwirklicht werden sollten, da mußte er dem König schreiben, daß dieser eines Mannes dazu bedürfe, der die öffentliche Meinung auf diesem Punkte noch nicht gegen sich habe; er sei auch, wie er später äußerte, zu lange des Königs „erster Schreiber" gewesen, um das Verhältnis eines verantwortlichen Premierministers gegen ihn geltend machen zu können.¹)

Aber umsonst bat er am 12. und wieder am 15. um seine Entlassung, noch einmal dann in bringender, nicht mehr abzuweisender Form am 17. Er wußte an diesem Tage, daß die Gefahr aufs Höchste gestiegen war, obgleich es draußen nach den letzten Stürmen auffallend ruhig blieb. Die Regierung war bis in die Einzelheiten über einen für den 18. geplanten großen Anschlag unterrichtet, dem das Unternehmen gegen das Schloß am 15. wie ein Rekognoszierungsgefecht vorangegangen war, das zugleich zur Erprobung der verfügbaren Streitkräfte gedient hatte. Die Minister von Bodelschwingh und von Canitz, sowie der kommandierende General des Gardekorps von Prittwitz wußten, daß von den revolutionären Treibern für den Mittag des 18. ein größerer Schlag vorbereitet wurde: gegen 2 Uhr sollte dem König in einer Massenkundgebung eine Petition gebracht und diese Gelegenheit benutzt werden, um unter Vorschieben der mit revolutionären Elementen durchsetzten Schutzkommissionen zwischen Volk und Militär in das Schloß einzudringen und vom König unter persönlicher Bedrohung Bewilligung aller vorzulegenden Forderungen zu erzwingen. Vielleicht schwebte den Urhebern das Vorbild des 20. Juni 1792 mit der Erstürmung der Tuilerien und der Bedrohung Ludwigs XVI. vor Augen. Der Polizeipräsident sagte am 17. dem König, „morgen würde nicht mehr von einem Aufstand, sondern von einer Revolution die Rede sein."²)

---

¹) Die verschiedenen Äußerungen Bodelschwinghs an Fallenstein und den König bei Diest S. 16—18, 44, 50 f., 60; vgl. die zutreffende Bemerkung Diests S. 48. Über die richtige Datierung des Abschiedsgesuches f. Sybel, Hist. Zeitschrift 63, S. 432, Note 2.

²) Bodelschwingh an Fallenstein, Diest S. 19; Gerlach I, 133; Sign. temp. 23; „Die Kontrasignatur der Proklamation vom 18. März" (Verf. Minister v. Canitz) S. 12; vgl. dagegen Wolff I, 106.

Bobelschwingh fühlte, daß der letzte Augenblick zum Handeln gekommen sei, aber nur nach hartem Widerstande erkämpfte er am 17. in einer erregten, bis Mitternacht dauernden Ministerialsitzung die sofortige offene Verkündigung entscheidender Reformgesetze im Sinne des Regierungsbeschlusses vom 12. März. Er selbst schrieb noch während des Restes der Nacht das Konzept zu dem königlichen Erlaß nieder, das in der Frühe des 18. sämtliche Minister, der Prinz von Preußen an der Spitze, unterzeichneten.

Nachdem der frühere Finanzminister Graf von Alvensleben die Bildung eines neuen Ministeriums ziemlich nachdrücklich abgelehnt hatte, wurde Graf Arnim-Boytzenburg damit beauftragt, nachdem er sich mit dem Inhalt der neuen Erlasse einverstanden erklärt hatte; er forderte aber 24 Stunden Bedenkzeit. Dadurch geschah es, daß das sofort vom König vollzogene Patent am Vormittag des 18. noch mit der Gegenzeichnung der alten Minister erschien, was seiner Wirkung entschieden Abbruch gethan hat.

Was aber wollte das bedeuten gegenüber dem Inhalt! Jetzt war in einer für alle Welt unzweifelhaften Form ausgesprochen, was thatsächlich schon durch die Wendung am 12. März entschieden gewesen: der König wollte eintreten für einen deutschen Bundesstaat an Stelle des Staatenbundes mit gesamtdeutscher Volksvertretung, gemeinsamer Wehrverfassung, gleichem Maß, Gewicht und Münzfuß, gemeinsamem Heimatsrecht, Freizügigkeit, Preßfreiheit, und dem entsprechend war für Preußen sofortige Aufhebung der Censur verfügt und beschleunigte Berufung des Vereinigten Landtages auf den 2. April, damit die für die Erfüllung dieser Absichten in Preußen erforderlichen Vorschläge nicht verzögert würden, „welche wir für die Verfassung unserer Staaten nötig erachten."

Also war alles, was für Preußen und Deutschland vom König damals verlangt werden konnte, bewilligt. Ohne die Wirkung der revolutionären Ereignisse in Deutschland und im Ausland, ohne die eigene bedrohte Lage inmitten der zunehmenden Gärung in der preußischen Hauptstadt wäre König Friedrich Wilhelm damals gewiß ebenso wenig zu dieser weiten Nachgiebigkeit gebracht worden wie früher. Nur durch die Einwirkung der großen revolutionären Bewegung im Februar und März ermöglicht war somit die in dieser königlichen Bewilligung geplante Verfassung in gewissem Sinne selbst schon ein Werk der Revolution.

Dem späteren Beurteiler aber, dem die ganze weitere Entwicklung und in ihr die eigenartige Bethätigung Friedrich Wilhelms vor Augen steht, drängt sich noch eine andere Erwägung auf. Es war die eigentümliche, zuletzt krankhaft werdende Geistesart des Königs, daß er bei allem unsteten Wechsel seiner bunten Phantasiegebilde mit größter Zähigkeit an den einmal gefaßten Grundanschauungen, aus denen diese hervorgingen, festhielt, und daß er diese Anschauungen unbeirrt durch irgend eine äußere Einwirkung in jeder, auch noch so veränderten Lage immer wieder in der alten Form zur Geltung zu bringen suchte. So handelte er in allen wechselnden Kämpfen in der deutschen Frage und gab dadurch Österreich den sicheren Sieg in die Hand. Und wenn er sich auch gegenüber dem fertigen Verfassungswerke in Preußen durch seinen Eid unweigerlich gebunden erachtete, so hat er doch dieses Werk wieder und wieder seinen damit ganz unvereinbaren ständischen Ideen anpassen wollen; er hat sich schließlich äußerlich der Verfassung gefügt, mit der er sich innerlich nie hat aussöhnen können.

Wir dürfen wohl fragen, ob die Verheißungen vom Morgen des 18. März gegenüber dieser Geistesart des Königs ohne die furchtbare Niederlage der Krone am 18. und 19. März und ihre Folgen hätten standhalten können, und wenn jene Verheißungen auch nicht einfach beseitigt worden wären, ob sie sich wenigstens in ihrem dem König so verhaßten konstitutionellen Sinne behauptet hätten, in dem sie von Bodelschwingh gedacht und von der Öffentlichkeit aufgefaßt worden waren.

Da sich die Antwort hierauf wohl von selbst ergiebt, so erscheint im geschichtlichen Zusammenhang die Katastrophe vom 18. und 19. März, die äußerlich im krassesten Widerspruch auf die Fülle der Gewährungen folgte, doch als ein leider notwendiges Glied in der Kette der Ereignisse von der Verheißung zur endlichen Erfüllung, mochten auch die Schäden noch so tief sein, die durch diesen Gang der Dinge das Verfassungswerk selbst davon tragen sollte.

Alles dies aber sind Erwägungen, die in keiner Weise Geltung beanspruchen dürfen für die Beurteilung der That und ihrer Bedeutung in dem Augenblick des Geschehens. Spät war die Bewilligung gewiß erfolgt, in letzter Stunde, aber doch nicht zu spät, um sie nicht trotz jener äußeren Einwirkungen als die eigene That der Krone hinstellen zu können, nicht zu spät, so mußte man glauben, um durch sie nicht den gefürchteten Einfluß der Revolutionäre auf die Masse des Bürgertums trotz dessen eigener mächtiger Erregung verhindern zu können. Jedenfalls konnte der tapfere Vorkämpfer der Verfassung, Bodelschwingh, glauben, daß er mit dem Erlaß den Sieg seiner Sache nach oben und nach unten errungen habe. Dem Polizeipräsidenten von Minutoli sagte er auf die gedruckten Plakate zeigend: „Preußen hat seine Revolution schon gemacht"; als dieser aber auf die bedrohlichen Nachrichten von den trotz allem geplanten Unruhen hinwies, fügte der Minister hinzu, was er genau so auch vor dem König aussprach: „wenn das nicht hilft, muß man sie mit Kartätschen bedienen."[1]

Der 18. März, der als ein wundervoller Frühlingstag anbrach, sah ganz Berlin in der lebhaftesten Unruhe. Schon um 10 Uhr empfing der König die tags zuvor angekommene rheinische Deputation unter dem Oberpräsidenten Eichmann, die er auf die Erfüllung aller ihrer Wünsche durch die im Druck befindliche Proklamation hinweisen konnte. Auch Magistrat- und Stadtverordnete, die in ihren Sitzungsräumen im Berliner und Köllnischen Rathaus versammelt waren, schickten Abordnungen ins Schloß. Eine größere Zahl von Bürgern, die in einem Hause der Neuen Friedrichstraße beratschlagt hatten, begab sich nach dem Köllnischen Rathaus, wohin die vom König empfangenen

---

[1] Gerlach I, 144; vgl. Sybels Mitteilungen in der Hist. Zeitschrift 63, S. 433—35.

städtischen Deputierten die frohe, mit lautem Jubel aufgenommene Kunde von der Gewährung aller Forderungen bringen konnten. Der Magistrat beeilte sich sofort, den wesentlichen Inhalt durch Maueranschlag bekannt zu machen.

An Stelle der geplanten großen revolutionären Demonstration vor dem Schloß schien nun eine Kundgebung des Dankes treten zu sollen, die die Berliner ihrem Könige darbrachten. Auch aus den ferneren Stadtteilen kamen Leute, die von der Gewährung gehört, zum Schloßplatz geeilt, den um die Mittagszeit eine immer dichter gedrängte Menge füllte. Auf dem Platze wurden die ausgegebenen Erlasse verschiedenen Gruppen, die sie noch nicht kannten, vorgelesen, überall sah man frohe Gesichter, und der brausende Jubel steigerte sich aufs Höchste, als der Monarch selbst auf dem Balkon erschien; seine Versuche, zur Menge zu reden, wurden von dem allgemeinen Tosen verschlungen.

Wenn Bobelschwingh frohen Herzens glauben konnte, daß der ersehnte Erfolg errungen sei, so gab es gewiß auch viele, denen die königlichen Erlasse, diese von der Regierung gemachte Revolution, stark das Konzept verdorben hatten. Ihr Streben mußte sein, trotz der Bewilligungen und der die Menge ergreifenden Stimmung ihren Plan inmitten der erregten Massen auf dem Platz doch noch zur Durchführung zu bringen. Wir wissen, daß es sich um nichts anderes handelte, als den schon am 15. auf das Schloß geführten Angriff in größerem Maßstabe zu wiederholen und womöglich zur Person des Königs selbst vorzudringen.

Gewiß war die zum Danken gekommene Menge von jedem feindseligen Gedanken weit entfernt. Da aber begann das Bild, das der Schloßplatz bot, sich in eigentümlicher Weise zu ändern: man hörte aus Proletariergruppen an den Ecken des Platzes mißtrauische Zwischenrufe, daß alles helfe den armen Leuten doch nichts, bei dem beständigen Ab- und Zuströmen der Menschen drängten sich andere Elemente in die Reihen der begeisterten Bürger hinein. Nichts war bisher geschehen, um sie zu reizen, auf dem ganzen Platz war kein Soldat zu sehen, nur in den Schloßhöfen und in den Portalen stand die Besatzung, vor ihnen aber noch der dichte Ring der bürgerlichen Schutzmannschaften.

Plötzlich begann, es war zwischen 1 und 2 Uhr mittags, die Menge in eigentümliche Bewegung zu geraten und nach den beiden vom Platz in das Schloß führenden Portalen hinzudrängen. Viele wurden erst bei diesem Vordrängen des im Schlosse stehenden Militärs ansichtig, und nun wurde von ihnen aus das Losungswort in die Menge geworfen: Militär weg — eine Forderung, bei der augenblicklichen Lage töricht und unerfüllbar, an der sich aber die Menge bei der herrschenden Erbitterung gegen die Truppen mehr und mehr erhitzte. Immer stürmischer wurde das Geschrei und heftiger das Andrängen gegen das Schloß. Nach der Rolle, die den Schutzmannschaften in dem uns bekannten revolutionären Plane zugedacht war, waren diese selbst unter den Vordringenden, gerade von ihnen ist der herabeilende und zur Ruhe mahnende Bodelschwingh persönlich bedroht worden, aus ihren Reihen hörte er die wütendsten Reden an das Volk.

Und in dieser gefahrvollen Stunde stand die Regierung zwischen einem gehenden und einem kommenden Ministerium, ja, einen Augenblick fehlte die militärische Oberleitung. Der Gouverneur von Berlin, General von Pfuel, war, ohne Weisung zu hinterlassen, zu Verwandten gegangen, wo er dann abgesperrt wurde, jetzt war er nicht zu finden. Das aber war ein Glück, und der ganze Vorgang ist auch als Intrigue der Reaktionspartei gegen den schwachen und daher beim Volk beliebten Pfuel gedeutet worden. Denn jetzt kam das Kommando an den Mann, der, gestützt auf das rückhaltlose Vertrauen seiner Untergebenen, sich auf dem verantwortungsvollen Posten bewähren sollte wie kein anderer, an den kürzlich als Nachfolger des Prinzen von Preußen zum kommandierenden General des Gardecorps ernannten Generallieutenant von Prittwitz.

Ihm befahl der König gegen zwei Uhr, als das Geschrei und Andrängen der in ihrer Haltung ganz verwandelten Menge immer bedrohlicher wurde, daß er mit Kavallerie den Schloßplatz säubern möge, jedoch solle sie nur im Schritt reiten und nicht das Gewehr aufnehmen. Prittwitz selbst führte eine in dem inneren, dem spreewärts liegenden Schloßhof haltende Schwadron

Garbedragoner durch den Lustgarten und die Schloßfreiheit um
das Schloß herum und ließ sie an der Schmalseite des Platzes
vor der Stechbahn zur Front einschwenken.

Kaum sah die durch das eigene Toben gegen das ruhig
im Schloß stehende Militär erhitzte Menge die gehaßten blauen
Reiter erscheinen, als sie ihnen entgegenstürzte, den Pferden in
die Zügel fiel und sie teilweise bis an die damals den Platz
begrenzenden Häuser zurückbrängte; nur ein Stück gelang es
dann den Dragonern vorzurücken. Da einige Leute des linken
Flügels zu ihrer Verteidigung das Gewehr aufnahmen, die
Pferde zugleich unruhig wurden, so hatten Fernerstehende den
Eindruck, als seien die Dragoner im Trabe oder gar Galopp
in die Menge hineingeritten und hätten eingehauen. Kein Befehl
war in dem wilden Lärm zu verstehen. Da kam von dem nächst=
liegenden Portal eine Kompagnie des Kaiser Franz=Regiments
den bedrängten Dragonern und besonders dem umringten General
Prittwitz zu Hilfe, indem sie aufmarschierte und mit schlagendem
Tambour, aber „Gewehr über" zur Breitestraße vordrang, den
Platz bis dorthin säubernd; eine zweite Kompagnie folgte von
dem anderen Portal aus ihrem Beispiel und säuberte den Teil
des Platzes bis zur Kurfürstenbrücke. Alles schien zu glücken
ohne Waffengewalt. Da, als von der erstgenannten Kompagnie
ein Zug von der Breitestraße zur Kurfürstenbrücke vorging,
um die Menge von diesem letzten Stück des Platzes zu ver=
drängen, fielen aus ihm die beiden verhängnisvollen Schüsse.

Die Mitteilungen der erregten Augenzeugen gehen wirr
durcheinander. Der Eine will genau zwei Grenadiere haben
vorspringen sehen, auf die Menge an den Häusern anlegen und
losschießen, ein Anderer, wie sie das Gewehr in die Luft hielten
und losdrückten. Die einzige Angabe, an die wir uns halten
können, ist die des Protokolls über das dann vorgenommene
Verhör. Dieser Zug war mit „Gewehr fertig" vorgegangen
und dabei hatte ein Stockschlag aus der Menge, der unglücklicher=
weise das Zündhütchen auf dem Gewehr eines Unteroffiziers
traf, dies zur Entladung gebracht; das eines Gemeinen war
losgegangen, als er es ohne Befehl ungeschickt zur Attacke

rechts genommen hatte. Jedenfalls gingen die Kugeln harmlos in die Luft.

Aber der Knall der Schüsse brachte die ganze Erregung in der Masse zu furchtbarem Ausbruch, und wir dürfen hinzusetzen, daß die Schüsse für viele das sehnlich erwartete und nun mit dem größten Geschick ausgenutzte Signal waren.

Die Menge stob auseinander, die wildesten Gerüchte, absichtlich und unabsichtlich verbreitet, durchflogen die Stadt: aus den zwei Schüssen wurden ganze Salven, von denen Reihen wehrloser Menschen niedergestreckt seien, nachdem die Dragoner im Galopp in die Menge hineingesprengt wären und scharf eingehauen hätten. In erschreckender Weise zeigte sich hier die furchtbare Wirkung, die auf bereits stark erregte Massen ein geringer Anlaß haben kann, eine Wirkung, die mit ansteckender Kraft sich in Windeseile fortpflanzt, sich von Minute zu Minute steigert, bis die Menschen hineingeraten in vollständige, halb sinnlose Raserei. Da sah man einen jungen Juristen, der noch eben voll Jubel über die königliche Verkündigung gewesen, in wildester Erregung, „buchstäblich mit Schaum vor dem Munde", zum Kampf aufrufen, dort Scharen der bürgerlichen Schutzmannschaften vom Schloß fortstürmen, ihre Abzeichen herunterreißen und wegwerfen mit dem Ruf: „Verrat, das Militär hat auf uns geschossen".[1] Da lag es ja sonnenklar, daß die königliche Proklamation Lug und Trug, daß sie nur das Lockmittel für das arglose Volk gewesen war, damit jetzt der Tyrann seine wahre Gesinnung zeigen und seine „vertierte Soldateska" auf seine treuen, dankerfüllten Unterthanen loslassen konnte, um sie niederzusäbeln und zusammenzuschießen. Ein Schrei nach Rache durchtobte die Stadt, Arbeiter, Bürger, Studenten stürmten in den Kampf.

War also noch der Angriff auf das Schloß abgewiesen worden, so hatten die Veranstalter jetzt etwas weit Größeres

---

[1] Über diese Scenen s. „Grenzboten" 44, I, S. 513, Siemens „Lebenserinnerungen" S. 47, Genée S. 64, Brief eines deutschen Offiziers in Dtsch. Rdsch. 27, S. 239, Diest S. 7, Wolff I. 137, 159; vgl. auch die mehr drollige Äußerung eines gekränkten Berliner Bürgers, die Fontane erzählt, „Von Zwanzig bis Dreißig", Berlin 1898, S. 583.

erreicht, denn jetzt war die Revolution da. Und sofort sehen wir die Führer wieder an ihrer Stelle, denn genau nach den schon erprobten Lehren der revolutionären Kriegskunst wurde der Straßenkampf vorbereitet, klug verteilt stiegen die Barrikaden in die Höhe, die festesten Bollwerke in den auf den Schloßplatz einmündenden Straßen, von erfahrener Hand an die Straßenkreuzungen gelegt, deren Eckhäuser sofort besetzt und zur Verteidigung eingerichtet wurden.

Für die Krone lag jetzt die Sache so klar und einfach wie nur möglich. Nachdem alle zunächst erfüllbaren Wünsche von ihr bewilligt waren, stand das Recht bei dem trotzdem erfolgenden Losbruch in jeder Weise bei ihr, und ihre erste Pflicht gegen sich und den Staat war es, gestützt auf die felsenfeste Treue ihres Heeres diese Revolution der Straße mit rücksichtsloser Gewalt niederzuschlagen. Da das Wort der Erlasse verhallt war, so hatten nun die Kartätschen zu reden.

Weil General Prittwitz mit den verfügbaren 14000 Mann nicht die ganze Stadt besetzen konnte, so beabsichtigte er nur einen bedeutenderen Teil vom Schloß aus zu nehmen, ihn festzuhalten und zunächst die Wirkung auf die Bevölkerung abzuwarten. Sollte diese ausbleiben, dann wollte er nicht den Straßen- und Häuserkampf fortsetzen, sondern die Truppen aus der Stadt ziehen, diese einschließen und wenigstens an einzelnen Punkten beschießen.

Um vier Uhr begann der Kampf, der sich naturgemäß in eine Reihe einzelner Straßengefechte auflöste, und er dauerte schließlich im hellen Vollmondscheine bis Mitternacht. Zunächst zeigte sich die größere Erfahrung im Straßenkampf auf der Seite der Revolutionäre, die Truppen waren in dieser Gefechtsart noch unerfahren, auch ohne die nötigen Werkzeuge zum Einschlagen von Thüren und Häuserwänden. Diese Erfahrung machte man besonders bei den Barrikaden nahe dem Schloß, in der König- und Breitestraße, und bei der Erstürmung des Köllnischen Rathauses. Die Truppen waren zuerst auch dadurch im Vorgehen bedenklich aufgehalten worden, daß dem König nur mühsam die Erlaubnis zu den Angriffen auf die Barrikaden mit rücksichtslosem Waffengebrauch entrissen werden konnte. Was vermochte sonst auf die Dauer gegenüber dem festen Gefüge soldatischer Disziplin eine Tapferkeit, die doch nur in dem wilden Rausch plötzlich emporflammender Leidenschaft bestand und ohne inneren Halt beim beginnenden Mißgeschick meist den Gegenschlag mutloser Verzweiflung erfuhr. Der undisziplinierte und schlecht bewaffnete Gegner war den Truppen auf die Dauer durchaus nicht gewachsen. Diese hatten zwar zahlreiche Verwundete, aber nur eine verschwindende Zahl von Toten gegenüber den Opfern beim Feinde. Ihr Sieg war durchschlagend, der Morgen wurde nur erwartet, um ihn mit einem letzten Vorstoß zu beenden; die von Prittwitz erwartete Wirkung wäre nicht lange ausgeblieben.[1])

So war der König Sieger durch sein Heer, aber die letzte Entscheidung fiel nicht in den Straßen Berlins, sondern im Schlosse. Niemand war fürchterlicher durch den beginnenden Bürgerkampf erschüttert als der König. Es war, als ob eine der Grundlagen seiner ganzen Weltanschauung in diesen Schreckensstunden in Trümmer geschlagen würde. Friedrich Wilhelm stand auch den Dingen des staatlichen Lebens mit der Auffassung eines Künstlers gegenüber. Wenn er, wie wir ihn kennen, immer wieder, durch nichts belehrbar, zu seinen alten Anschauungen zurückkehrte, so lag dem der Gedanke zu Grunde, daß die Welt sich doch

---

[1]) Von einer Schilderung der einzelnen Kämpfe habe ich abgesehen, dafür ist zu verweisen auf die anonym erschienene, auf amtlichem Material beruhende Schrift des Obersten Schulz „Die Berliner Märztage. Vom militärischen Standpunkt aus geschildert." 2. Aufl., Berlin 1850, und auf die neuere Bearbeitung von v. Meyerinck „Die Thätigkeit der Truppen während der Berliner Märztage des Jahres 1848", Beiheft 4 und 5 zum Militärwochenblatt 1891. — Ich möchte nur noch besonders auf die Schilderung Fontanes (a. a. O. S. 580 ff.) über das oft frühzeitige Eintreten der moralischen Depression hinweisen; allerdings irrt er in den zu weitgehenden Schlußfolgerungen, die er aus einem von Gerlach überlieferten Ausspruch des Generals Prittwitz zieht für den tieferen Grund des Unterliegens der von siegreichen Truppen verfochtenen Sache des Königs.

schließlich nach dem idealen Phantasiebild formen lassen würde, welches er von ihr in sich trug, so wie des Künstlers Stoff sich nach der souveränen Willkür seiner Ideen meistern läßt. Der Urgrund aller Irrungen lag darin, daß der König nie den Gegensatz der wirklichen Welt zu der Welt seiner Phantasie erkennen konnte. Trat dieser Gegensatz einmal äußerlich mit unentrinnbarer Deutlichkeit hervor, dann galt es ihm nur diese äußere Störung zu beseitigen und eine Lage zu schaffen, in der er sich dem alten Glauben hingeben konnte, daß die Verhältnisse wieder seiner Anschauung von ihnen entsprächen.

Zu seinen Grundanschauungen gehörte der Glaube an die vertrauensvolle Liebe und Treue seines Volkes, die er von ihm forderte, und ganz fern lag ihm die Erwägung, wieviel er zu ihrer Erschütterung bisher schon beigetragen hatte. Wie er in diesem unerschütterlichen Glauben schon früher den auf ihn gerichteten Schuß des Bürgermeisters Tschech zuerst für einen recht schlechten Scherz, nimmermehr aber für einen ernstgemeinten Mordanfall gehalten hatte[1]), so war ihm gar der Gedanke eines Kampfes mit seinen Unterthanen einfach undenkbar.

Da trat ihm aber am 18. März und in der darauf folgenden Nacht der Gegensatz der beiden Welten, in denen er lebte, so schrecklich wie noch nie entgegen. Als die Schüsse von der Straße, das Stürmen der Glocken, der ganze wilde Kampfeslärm zu ihm herauftönte, da mußte ihm sein, als ob alles um ihn herum zusammenbräche, man sah ihn, das Gesicht in die Hände gegraben, bei den einzelnen Schüssen auffahrend: „nein, es kann nicht sein, mein Volk liebt mich."[2]) In der Verzweiflung, die ihn ergriffen, die ihn schließlich nicht nur jeder Fähigkeit eines Entschlusses, sondern jeder ruhigen Überlegung überhaupt beraubte, beherrschte ihn nur ein Gedanke, ein Gefühl, diesem ihm unmöglichen Verhältnis ein Ende zu machen, die Welt da draußen mit der in seinem Innern wieder in harmonischen Einklang zu bringen: Friede daher um jeden Preis!

---

[1]) Übereinstimmend erzählen das Gerlach I, 96 und Canitz „Denkschriften" (Berlin 1888) II, 62, vgl. 254.

[2]) Preuß. Jahrb. 63, S. 534.

Es war erklärlich, daß bei dieser Grundstimmung schließlich alles das auf ihn Einfluß gewinnen mußte, was dieser Stimmung entsprach, mochte es sonst so bedenklich sein, wie es wollte. Berufene und Unberufene drängten sich schon am 18. an den König heran, darunter auch eine Deputation von Stadtverordneten. Am Abend erschien der westfälische Landrat von Vincke im Schloß, noch in Reisekleidern, er malte dem König ein wunderliches Schreckbild von der Erschöpfung und Entmutigung der Truppen, die er bemerkt haben wollte, und von der Entrüstung der Bürger, er stellte zuerst die so verhängnisvoll werdende, nur bei völliger Verkennung des ganzen Ursprungs des Kampfes erklärliche Zumutung an den König, daß die Truppen zuerst ihren Angriff einstellen sollten, dann würden die Bürger zu Ordnung und Gehorsam zurückkehren. Als darauf einige Umstehende, darunter General von Gerlach, lachten, rief Vincke ihnen zu: „Heute meine Herren, lachen Sie, morgen werden Sie vielleicht nicht lachen." Vincke machte wohl Eindruck auf den König, aber eine bestimmte Antwort erhielt er nicht![1])

Ebensowenig erhielt l General Prittwitz einen bestimmten Entscheid, als er gegen Mitternacht zum Bericht erschien. Er legte dem König seinen uns bekannten Plan vor, jedoch meinte er, daß der Fall kaum zu erwarten sei, der ihn zur äußersten Maßregel, dem Herausziehen der Truppen und der Einschließung der Stadt nötigen würde. Der König ließ sich in keine sachliche Erörterung ein, sondern befahl nur, den von Prittwitz bezeichneten Teil der Stadt zu halten und entließ den General mit dem in jener Nacht etwas sonderbar klingenden Gruß „Gute Nacht" und: „Wohl zu schlafen"; noch ehe Prittwitz das

---

[1]) Sybel in Hist. Zeitschrift 63, S. 436, Gerlach I, 138, Berliner Märztage 74 f., die Erzählung des Generals v. Griesheim bei Perthes, Preuß. Jahrb. 63, S. 585, verwirrt bei Wolff I, 198 f., vgl. die spätere Äußerung des Generals Rauch an Vincke bei Gerlach I, 174. Die von Diest S. 12 überlieferte, auf Vinckes Witwe zurückgeführte Erzählung ist als spätere Legendenbildung abzuweisen, wenn auch Vincke selbst später Äußerungen gethan haben muß, als hätte er den König nicht zum Nachgeben, sondern zur Standhaftigkeit ermahnt, Gerlach I, 138 Note.

Zimmer verlassen hatte, setzte sich der König an seinen Schreibtisch.[1])

Aus eigenstem Antrieb schrieb er hier den Aufruf „An meine lieben Berliner." Er war überzeugt, damit nicht nachzugeben, und sachlich vertrat er auch darin den gegenüber Vinckes Zumutung einzig richtigen, aber auch sehr selbstverständlichen Gedanken: Rückkehr der Bürger zum Frieden, Wegräumung der Barrikaden und dafür Verpfändung des königlichen Wortes, daß die Truppen zurückgezogen werden sollten. Das Bedenkliche aber war der Ton des Aufrufs, in dem der in diesem Kampf auf seinem guten Recht stehende und durch seine Truppen siegreiche Monarch seinen geschlagenen Gegner geradezu um den Frieden anflehte; aber er wollte, er mußte ja Frieden haben, ganz gleichgiltig, wodurch erkauft, deshalb bot er ihn an. Und wir sehen, wie er den ihm undenkbaren Gedanken des Bürgerkampfes von sich abzuschieben suchte, wenn er alle Schuld „einer Rotte von Bösewichtern, meist aus Fremden bestehend" beimaß, was in bestimmter Richtung durchaus zutraf, aber in dieser einseitigen Hervorhebung falsch war und besonders auf diejenigen die übelste Wirkung thun mußte, für die der Aufruf berechnet war, die sich vom eigenen Zorn in den Kampf getrieben fühlten, die die hinter ihnen wirksam gewesenen Kräfte zum Teil garnicht kannten und so diese Worte wie eine neue blutige Beleidigung empfinden mußten.

Der König sandte das Schriftstück an Bodelschwingh: „Jede Korrektur meines Machwerks nehmen Sie nach Gutdünken vor." Da Bodelschwingh sachlich nur einverstanden sein konnte und sogar meinte, der „herzliche Ton" würde „besten Erfolg" haben, Einzeländerungen aber bei der eigenartigen Schreibweise Friedrich Wilhelms schwer möglich waren, so gab er den Aufruf sofort zum Druck.[2])

---

[1]) Nach Prittwitz' eigener Aufzeichnung bei Sybel, Hist. Zeitschrift 63, 436—39; Berliner Märztage S. 75 ist der Vorgang mit großer Zurückhaltung erzählt.

[2]) Der Aufruf ist gedruckt u. a. bei Wolff I, 201 f., vgl. sonst ebb. 202, Preuß. Jahrb. 63, S. 535, Hist. Zeitschrift 63, 439 f., Gerlach I, 138, 139, 140, Berliner Märztage S. 89.

Auch Bodelschwingh begann jetzt, wie unter einer Einwirkung der allgemeinen Verwirrung, die ruhig besonnene Sicherheit zu verlieren, die ihn bisher ausgezeichnet hatte. Höchst bedenklich war, daß er es ebensowenig wie der König für nötig hielt, dem kommandierenden General von diesem Schritt auch nur ein Wort zu sagen. Prittwitz besichtigte am frühen Morgen die in ihren Stellungen gebliebenen Truppen, als ihm auf der Straße ein Exemplar der schon gedruckten Proklamation in die Hände kam; hierdurch erfuhr er erst mit heftiger Erbitterung, was geschehen war, und er fühlte wohl, was damit angekündigt wurde.

Im Schloß wurden die Zustände mit dem neuen Tage, dem 19., einem Sonntag, immer schlimmer. In steigender Zahl drängten sich seit dem frühesten Morgen Bürgerdeputationen, wie sich übrigens jede zufällig vereinte Gruppe einiger Leute nannte, berufene und unberufene Neugierige im Vorzimmer des Königs, der sogenannten Halle, und der vollständig gebrochene Monarch frug alle und hörte alle; er, der sich keinem der Männer, die ihn damals zu stützen bereit waren, vertrauensvoll hingab, ließ sich hier die zweifelhaften Berater zu Dutzenden aufdrängen. Niemand dachte daran, Ordnung zu schaffen, jede unbedachte Äußerung des Königs oder eines Prinzen wurde aufgefangen und entsprechend ausgestaltet weitergetragen. Der General von Gerlach meinte, schon am 18. habe es in der Halle ausgesehen „wie in einer Wachstube", und das Bild am Vormittag des 19. schildert der anwesende General von Natzmer: „Die königliche Halle glich einer Börsenhalle und zu mehreren Tageszeiten einer Restauration."[1])

Während schon vom frühesten Morgen an die Menschen ab- und zuströmten, kamen nach acht Uhr mehrere Magistratsmitglieder und Bürger unter Führung des Oberbürgermeisters Krausnick; sie forderten wie Vincke den sofortigen Abzug der Truppen und dann ihre Ersetzung durch bewaffnete Bürger. Der König rief die Generale von Neumann, von Krauseneck

---

[1]) Gerlach I, 135, Natzmer III, 194.

und von Natzmer zur Beratung darüber in ein anderes Zimmer, Prittwitz war nicht im Schlosse anwesend. Natzmer trat entschieden für möglichste Beschränkung der Bürgerbewaffnung ein, jedenfalls solle man die Bürger nur ganz allmählich in die Stellungen der Truppen einrücken lassen, deren gänzliches Zurückgehen sei gefährlich und zu vermeiden, die wichtigsten Punkte müßten von ihnen besetzt gehalten werden. Der König und die beiden Generale stimmten bei und der König, so berichtet Natzmer selbst, „schien willens zu sein, in diesem Sinne die nötigen Befehle zu geben".

Leider aber gewannen sofort wieder andere, des Königs eigener Stimmung mehr entsprechende Einflüsse Macht über ihn. Unmittelbar nach der Beratung fand ein kurzer Gottesdienst bei der Königin statt, den der Hofprediger Strauß abhielt. Auch mit ihm sprach hernach der König, und der Prediger gab ihm sein Gutachten durch den in der damaligen Lage mit staunenswertem Ungeschick herausgesuchten Spruch, daß Gott den erhöhen werde, der sich vor ihm bemütige.

Inzwischen waren der alte, noch die Geschäfte führende Minister Bodelschwingh und sein Nachfolger Graf Arnim im Schloß erschienen und sprachen mit der auf des Königs Entscheidung wartenden Magistratsdeputation. Aber ehe der Bescheid erteilt wurde, hielt der König eine neue Beratung im Zimmer der Königin ab, an der die beiden Minister, der Prinz von Preußen und andere Prinzen, von den Generalen nur der Generaladjutant von Neumann teilnahmen. Arnim trat hier für die Bürgerforderung des sofortigen und bedingungslosen Abzugs der Truppen ein, Bodelschwingh widersprach im Sinne der Proklamation und seiner bisherigen Auffassung: erst sei die Räumung der Barrikaden abzuwarten; er hielt fest daran, wie er in der Nacht schon einem Neffen gesagt hatte, man habe A gesagt und müsse nun auch B sagen. Er und Arnim gerieten so heftig aneinander, daß Bodelschwingh wütend aus dem Zimmer stürmte und die Thüre krachend hinter sich zuwarf. Nach einer Mitteilung des Prinzen von Preußen fiel die Entscheidung noch nach Bodelschwinghs Meinung; die Deputation, die inzwischen in den Sternensaal geführt war, wo auch die Prinzen und der im Schloß erscheinende General Prittwitz zusammenkamen, wurde in diesem Sinn beschieden; der König selbst sprach mit ihr, und mehrere Mitglieder eilten fort, um für das Niederlegen der Barrikaden zu wirken.

Wieder wurde Prittwitz zum Bericht befohlen; er konnte nur bei seinen früheren Ausführungen bleiben, wies aber den König schon auf den bedenklichen Zustand in einigen Straßen hin, der eine Folge der eingerissenen Ungewißheit sei. „Alles dies blieb ohne Widerspruch, aber auch ohne Antwort."

Es mochte inzwischen 10 Uhr geworden sein, da erschien eine neue Abordnung, Bürgermeister Naunyn an ihrer Spitze, mit der Meldung, daß in der Königstadt schon drei Barrikaden eingeebnet seien. Der König selbst empfing die Abordnung, deren Nachricht, wenn sie sich bewahrheitete, die Erfüllung der königlichen Forderung in der Proklamation bedeutet hätte. Der Prinz von Preußen schlug das einfach Selbstverständliche vor, sich durch Offiziere davon überzeugen zu lassen, aber ihm widersprach man, man gab sich lieber blind dem schönen Glauben an ein Gerücht hin, das so vielen die Erfüllung des sehnlichsten Wunsches zu bringen schien, das aber den einen Fehler hatte, falsch zu sein.

Nachdem der König zu der Abordnung noch im Sinne der Proklamation, also gemäß Bodelschwinghs Auffassung gesprochen hatte, trat er auf eine Anregung Arnims mit diesem und Bodelschwingh in sein Kabinett, und hier fiel in viertelstündiger Unterredung die Entscheidung. Über das, was hier im königlichen Kabinett geschah, haben wir nur eine freilich höchst verwunderliche Erklärung Arnims, daß er sich in jenen entscheidenden Minuten nur mit seiner Ministerliste beschäftigt und sich „von den Beratungen über das militärische Detail" ferngehalten habe.

Damit aber schiebt Graf Arnim die volle und uneingeschränkte Verantwortung für den hier gefaßten Entschluß dem König allein zu. Die Entscheidung fiel jetzt gegen Bodelschwinghs Meinung nach dem Rate der Schwachmütigen, Bodelschwingh aber erhielt den Auftrag, als letzte Ministerhandlung den draußen Harrenden den entsprechenden königlichen Befehl zu verkünden. Er erklärte darauf laut im Sternensaal: im Vertrauen auf die Behauptung, daß mit dem Wegräumen der Barrikaden der freiwillige Anfang gemacht sei, und daß mit Zurückziehung der Truppen jede Widersetzlichkeit aufhören werde, sollten diese „von den Straßen und öffentlichen Plätzen zurückgezogen werden, jedoch das Schloß, das Zeughaus und andere öffentliche Gebäude mit starker Hand besetzt bleiben."

Da die blind geglaubte Voraussetzung nicht zutraf, so war dies der Befehl an die siegreichen Truppen, als Besiegte vor den Barrikadenkämpfern den Rückzug anzutreten. Empört warf der Prinz von Preußen seinen Degen auf den Tisch: er könne ihn nicht mehr mit Ehren tragen. Er erklärte, der Befehl stehe im Widerspruch mit der Proklamation, Prittwitz betonte, darin vom Prinzen unterstützt, die Ausführung des Befehls sei unmöglich, er müsse die Truppen dann in ihre Quartiere abrücken lassen, dadurch würden sie ohne Verbindung miteinander wie mit gebundenen Händen dem Gegner ausgeliefert sein.

Bodelschwingh, bei seiner Auffassung der Sache und seiner augenblicklichen Seelenstimmung gewiß nicht zu Erörterungen geneigt, rief dem Prinzen und dem General laut entgegen: „An den Worten des Königs darf nicht gedreht und gedeutet werden", es sei dies der letzte von ihm als Minister ausgeführte Auftrag des Königs; auf die nochmalige Frage des Prinzen, ob auch die Schloßplätze unter dem Befehl verstanden seien, wiederholte ihm Bodelschwingh nur heftig seine vorhin gesprochenen Worte.

Mochte nun das Gefühl der Erregung, der Erbitterung über alles Geschehene auch ihn übermannen, jedenfalls that Bodelschwingh im Augenblicke seines Scheidens einen unbedachten und in seinen Folgen schwer verhängnisvollen Schritt. Hatte er schon beim Druck des Aufrufs sich um Prittwitz und dessen Stellung gar nicht gekümmert, so nahm er dem General den militärischen Befehl jetzt geradezu aus der Hand, indem er über ihn hinweg den umstehenden Offizieren zurief, sie sollten eilen, um die Befehle des Königs zu überbringen.

Damit sollte Bodelschwingh den letzten Rettungsversuch vereiteln. Denn gerade in diesem Augenblick, vor der Katastrophe stehend, sehen wir zwei Männer mit umsichtiger Entschlossenheit zusammen handeln, um das Letzte und Schlimmste, das jetzt kommen sollte, abzuwenden. Das waren Prittwitz und der Prinz von Preußen.

Prittwitz war mit der Bürgerabordnung in den Schloßhof gegangen und ließ von dort den Befehl durch berittene Offiziere mit einer eigenmächtigen entscheidenden Änderung an die Truppen überbringen, daß sie erst nach Räumung der Barrikaden zurückgehen und höchstens zum Beweis der Bereitwilligkeit die vorgeschobenen Posten an sich ziehen sollten. Die dadurch erreichte vorläufige Behauptung der genommenen Stellungen und die damit geschaffene Frist benutzte in entschlossenem Zusammenhandeln mit dem General der Prinz von Preußen, indem er zum König vordrang, bei dem nur Arnim mit seiner werdenden Ministerliste weilte. Der König lag im Sessel, die Hände vor das Gesicht haltend, wiederholt rief er aus: „Das habe ich nicht befohlen, das habe ich nicht gesagt", er habe Bodelschwingh nur den in der Proklamation enthaltenen Befehl gegeben, es müsse das sofort geändert werden.

Zeigte sich dabei der Zustand des Monarchen, der entschieden nicht mehr wußte, was er kurz zuvor befohlen hatte, als bejammernswert, so war doch die Hauptsache erreicht und zwar ganz im Sinne von Prittwitz' selbständigem Handeln: der Widerruf des unseligen Rückzugbefehles! Hätten diese wenigen Minuten dem Prinzen und dem General gehört, so wäre das Schreckliche von der Monarchie noch in diesem Augenblick abgewendet worden. Da aber traten die Folgen von Bodelschwinghs Vorgehen im Sternensaal dazwischen.

Leider hatten nicht alle Offiziere den sicheren Takt des Flügeladjutanten von Brauchitsch, der sich weigerte, den militärischen Befehl eines Ministers anzunehmen. Wir besitzen noch einen vom Generaladjutanten von Neumann unterzeichneten schriftlichen Befehl: „Auf allerhöchsten Befehl sollen die den Barrikaden gegenüberstehenden Truppen sich ruhig von denselben entfernen." Als er in dieser Form an verschiedene Abteilungen gebracht wurde und diese darauf abrückten, während die Menge ihnen nachstürzte, da war natürlich nirgends ein Halten mehr möglich, der letzte Rettungsplan des Prinzen uud des Generals war vereitelt. Jetzt zogen überall die Truppen unter klingendem Spiel, umgeben von einer jubelnden und johlenden Menge dem Schlosse zu und stellten sich, wie es jetzt, nachdem das Unglück geschehen war, in Eile der Prinz und Prittwitz nachträglich verabredet und angeordnet hatten, vor demselben auf.

Das konnte natürlich nur eine vorübergehende Maßregel sein, um vielleicht wieder für einen Gegenbefehl Zeit zu gewinnen, aber eine Erneuerung des Kampfes hätte nichts anderes bedeutet, als mit matteren Kräften die Arbeit des vorigen Tages von vorn zu beginnen. Wollte man aber nicht kämpfen, so war es unmöglich, die Truppen vor dem Schloß zu halten, da ein Zusammenstoß mit der triumphierenden Menge, zumal bei dem in den Offizieren und Mannschaften kochenden Zorn, auf die Dauer gar nicht zu vermeiden war. Dabei waren die Soldaten seit Tagen im angestrengtesten Dienst, seit 24 Stunden auf den Beinen und im Kampf, nur notdürftig verpflegt, während der Hofmarschall erklärte, im Schlosse nur für eine beschränkte Zahl Essen schaffen zu können. So ließ Prittwitz nach einer halben Stunde, vielleicht gegen zwölf Uhr, die Regimenter nach ihren Kasernen und Quartieren abmarschieren.

Man hat viel herumgeraten, wer diesen letzten Befehl zum Abmarsch vom Schloß gegeben hat, und in ihm sonderbarerweise das Verhängnis sehen wollen. Von einem hier vermuteten Mißverständnis ist keine Rede gewesen. Ganz fraglos hat kein andrer, als Prittwitz selbst diesen Befehl gegeben, der nach seinen letzten vergeblichen Versuchen, das Unheil abzuwenden, die einfach gegebene Folge und die nun notwendige wörtliche Ausführung des von Bodelschwingh überbrachten königlichen Befehles war.

Den Abzug der Truppen bezeichnete General von Natzmer mit dem schlichten, aber inhaltsschweren Wort: „Der Abmarsch der Truppen war entscheidend, er sanktionierte die Revolution."

Im Schloß waren sieben, im Zeughaus vier Kompagnien als Besatzung zurückgelassen worden, sonst trat ein, was der Prinz von Preußen und Prittwitz vorhergesehen, daß die Truppen in ihrer Vereinzelung auf's Höchste gefährdet waren. Dabei gingen die Anforderungen an sie über jedes Maß hinaus. Durch den König selbst in einem sofortigen schnellen Vorgehen beim Beginn des Kampfes gehindert, trotzdem siegreich und nun zu Besiegten kommandiert und als Besiegte behandelt, mußten sie schweigend und stumm alle Beschimpfungen über sich ergehen lassen. Wohl wurden sie an manchen Orten mit Jubel begrüßt, an anderen dagegen beschimpft, bespieen, mit Kot beworfen, oft konnten die Offiziere ihre Leute, die man aus eineinander zu drängen suchte, nur mühsam zusammenhalten. Wo die Menge es befahl, mußte das Spiel der Regimentsmusiken eingestellt werden. In keinem ihrer glorreichen Kriege hat die preußische Armee eine Feuerprobe ihrer Disziplin abzulegen gehabt wie am 19. März, als ihr König sie dem besiegten Gegner preisgegeben hatte.

Aber lange konnte es so nicht weiter gehen, sonst mußte auch der beste Geist vernichtet werden. Wieder aber wurde von den Truppen das einfach Unmögliche verlangt, daß sie vereinzelt in ihren Kasernen bleiben sollten, und wieder fand Prittwitz einen Ausweg dadurch, daß er diesem Befehl hinzufügte, die Kommandeure dürften auf eigene Verantwortung mit ihren Regimentern Berlin verlassen, wenn die Disziplin erschüttert sei und die Auflösung der Truppen drohe, oder wenn die Kasernen nur durch ernstlichen Gebrauch der Waffen gehalten werden könnten. Die Folge war, daß bis auf die zu den wichtigsten Besatzungen zurückgehaltenen Abteilungen die Truppen sich bis zum Morgen des 21. aus Berlin entfernt hatten.

Als am 19. März die Truppen vom Schlosse abgerückt waren, hatte der König im Gefühl der ihm drohenden Gefahr einen schon vorher gehegten Plan ausführen wollen: den einer Flucht aus Berlin. Am 16. hatte er zuerst daran gedacht, nach Potsdam zu gehen, und war nur durch bringende Abmahnungen und die Rücksicht auf seine leidende Gemahlin, die das Fahren nicht vertragen konnte, davon abgehalten worden. Der Plan wurde in der Nacht des 18. März wieder aufgenommen, durch einen General waren die Vorbereitungen schon getroffen, aber man ließ ihn zum zweiten Mal fallen. Endlich am Vormittag des 19., in der gefahrvollen Lage nach dem Abmarsch der Truppen, war der Entschluß zur Ausführung gefaßt worden. Der Freiherr, später Graf von Stillfried, dessen eigene Erzählung uns vorliegt, besorgte einen unscheinbaren Wagen, der im innern Hof an der zu den königlichen Gemächern führenden Wendeltreppe hielt. Er selbst wartete auf und ab gehend auf die königlichen Herrschaften.

Aber andere Ereignisse traten dazwischen. Auf dem Schloßplatz hatte sich wie am Tage vorher eine große Menschenmenge angesammelt und wieder war es froher und herzlicher Jubel, der dem König entgegenbrauste, als er sich dem Volke zeigte. Da aber sollten sich recht drastisch die beiden Strömungen offenbaren, die in der Revolution nebeneinander her gegangen waren und nur im ausbrechenden Kampf ihre Wogen in wildem Strudel mit einander vereint hatten, um sich nun wieder zu scheiden: die freiheitsbegeisterten Bürger und der Pöbel der Revolution mit seinen Führern.

Plötzlich drängte sich von der Breitestraße her über den Schloßplatz mitten durch die freudig erregte und jubelnde Menge ein widerwärtiger Zug. Ein Möbelwagen war angefüllt mit Leichen von Barrikadenkämpfern, die man möglichst sichtbar mit entblößten Wunden zur Schau darauf befestigt hatte; ein Manöver, um die Leidenschaften der Menge zu reizen, das schon bei der Pariser Revolution im Februar angewendet worden war. Den Wagen umgab das gräulichste Gesindel. Aller Jubel verstummte bei diesem Anblick.

Im Schlosse aber wagte es der Polizeipräsident von Minutoli, an den König die Anforderung zu stellen, „mit der Königin auf den Balkon zu treten, um die Leichen anzusehen und diesen für ihren Heldentod eine Art öffentlicher Anerkennung zu geben." Nach langem Sträuben willfahrte der König und trat mit seiner Gemahlin hinaus, aber statt des Jubels von vorhin tönten ihnen aus den Reihen der Neuangekommenen unflätige Beschimpfungen entgegen — „die Mütze ab" rief es herauf, und demütig gehorsam entblößte der König sein Haupt.

Jetzt aber, als der Gegner wieder vor dem Schloß stand und man mit der vorhandenen Besatzung einen etwaigen Verteidigungskampf nicht wagen wollte, schien die Flucht den letzten noch übrigen Ausweg zu bieten. Nachdem König und Königin die Demütigung auf dem Schloßbalkon über sich hatten ergehen lassen müssen, stiegen sie schon die Wendeltreppe zu dem wartenden Wagen hinab, als ihnen Stillfried mit der Nachricht entgegen eilte, daß von den Linden her über den Lustgarten, also auf dem einzigen Wege zur Flucht, ein anderer, von einem großen Zuge begleiteter Möbelwagen mit Leichen herannahe. Und dieser Wagen fuhr gleich darauf durch das freigebliebene Portal in den Schloßhof ein und machte an der Wendeltreppe Halt.

Entsprechend der lauten Forderung der auf dem Schloßplatz stehenden Menge wurde jetzt das Militär von sämtlichen Portalen fortgenommen und, um den Durchgang durch die Höfe freizugeben, in diesen dicht zusammengestellt, auch deshalb, weil man die mühsam verhaltene Wut der Soldaten fürchtete. Während die Menge sie umtobte, mußten sie vor den blumengeschmückten Leichen ihrer Gegner die Helme abnehmen. Da aber ihr Anblick die die Höfe füllende souveräne Menge reizte, so wurden sie ganz in die Korridore gezogen, sie durften sich nicht einmal am Fenster zeigen, nur auf der Wendeltreppe standen sie, um die Wohnung des Königs nicht ganz verteidigungslos zu lassen.

Denn der Feind war im königlichen Schloß. Seine Scharen verstärkten sich, von verschiedenen Stadtteilen kamen neue Leichenwagen heran, andere Tote wurden auf Bahren getragen. Angehörige derselben oder solche, die sich dafür ausgaben, riefen ihre Klagen und Verwünschungen aus, kaum gelang es, die Kerle an der Wendeltreppe abzuhalten, die Leichen hinauf und durch die königlichen Gemächer zu schleppen: dann hätte man, wie schon am 18. geplant war, Auge in Auge vor den gebemütigten Monarchen hintreten können. Aber dieser mußte mit der Königin auf der um den Hof führenden Gallerie den wüsten Scenen zusehen, während das ganze fürchterliche Schauspiel die Klänge des herrlichen Chorals „Jesus meine Zuversicht" begleiteten, in den die anwesende Hofgesellschaft mit voller Stimme einfiel; sie hofften in der Todesangst dieser schrecklichen Stunde, daß die weihevollen Töne sich besänftigend über die wild entbrannten Leidenschaften breiten würden.

Im Lustgarten waren inzwischen Berliner Bürger, die Gewerke erschienen, der König mag aufatmend unter sie auf die Schloßterrasse getreten sein; ihnen sagte er die Bürgerbewaffnung zu, und ihnen gelang es auch allmählich die Schloßhöfe zu säubern. Das Bürgertum fühlte sich zum eigenen Schutz aufgerüttelt und säumte nicht, mit seinem anfangs nachdrücklichen Vorgehen Partei gegen die bisherigen Genossen zu ergreifen. Es war ihm etwas bange vor diesen Kameraden geworden, obwohl die eigentliche Arbeiterschaft, der das Bewußtsein des heutigen Klassengegensatzes noch fehlte, sich in diesen Kämpfen als Bundesgenossen des für seine politischen Rechte streitenden Bürgertums fühlte. Dies jedoch erkannte bald den Augenblick, wo seine proletarischen Gehilfen in der Schlacht, aus deren Reihen sich auch die Kerntruppen der führenden Revolutionsmacher rekrutiert hatten, ihm und seinem Besitze eine Gefahr zu werden begannen. Daher stellte sich der Bürger sofort nach dem Sieg auf die Seite der bestehenden Ordnung, nachdem diese sich seinen Wünschen und Interessen gefügt hatte, und so sehen wir, wie die oft erwähnten beiden Strömungen in der Revolution ihre begonnene Scheidung überraschend schnell bis zum ausgesprochenen Gegensatz vollzogen.

Auch dem König kam damit allmählich das Gefühl einiger Sicherheit wieder. Am Abend des 19. hatte er noch einmal daran gedacht zu entfliehen, und zwar diesmal zu Wasser; wahrscheinlich ist es hier gewesen, wo Arnim, der sich beim Antritt seines Ministeriums weder durch klare Einsicht noch durch männliche Thatkraft ausgezeichnet hat, dem Vorhaben „fast mit Gewalt" entgegentrat. Er soll dem König die in jenem Augenblick herzlich schlecht angebrachte Tirade zugerufen haben: „Ew. Majestät würden der erste Hohenzoller sein, der vor seinem Volk flieht." Der König war eines Entschlusses nicht mehr fähig, man sah ihn wie bewußtlos durch die Zimmer dahinwanken.

Ein Offizier hatte vorgeschlagen, man solle König und Königin inmitten der beiden im Schloß verfügbaren Bataillone aus der Stadt führen; in Potsdam war am Abend des 19. das Gerücht verbreitet, der König sei in Potsdam, aber den letzten Versuchen Anderer, ihn noch am 20. aus Berlin wegzubringen, trat wieder Arnim mit Erfolg entgegen; fortan war keine Rede mehr davon.

Am 22. war das feierliche Begräbnis der Märzkämpfer. Der Zug von 183 Särgen[1]) ging auf seinem Weg zum Friedrichshain am Schloß vorüber, und diesmal nicht von außen gedrängt, sondern aus freiem Antrieb trat der König in Uniform mit entblößtem Haupte auf den Balkon. Alles nahm den Hut ab, die Bürgerwehr salutierte, die ganze Handlung verlief ernst und würdig.

Am 24. wurden die für ihren König gefallenen Soldaten zur letzten Ruhe gebracht. Die 18 Särge wurden in der Frühe, „fast noch in stiller Nacht", ohne Sang und Klang auf dem kürzesten Weg vom Garnisonlazarett am Brandenburger Thor zum Invalidenkirchhof geführt. Während Deputationen von Magistrat und Stadtverordneten im Zuge gingen, waren weder der Kommandant der Stadt noch ein Mitglied des Kriegsministeriums zugegen. Am Grabe aber sprach außer dem Geistlichen der General von Natzmer für die Kameraden.

Die Stimmung in der Armee läßt sich denken. Schon am 22. März hatte der Major von Roon aus Potsdam geschrieben: „Der Eifer ist im Ersterben; alles geht mit knirschenden Zähnen umher. Noch halten die gewohnten Bande. Aber muß nicht

---

[1]) Weitere Beerdigungen geschahen später; im ganzen sind auf Seite der Aufständischen 230 Tote zu zählen, von den Truppen waren 3 Offiziere und 17 Unteroffiziere und Gemeine gefallen.

am Ende der Geist, der Mut der besten Truppen gebrochen werden, wenn sie das, wofür sie glühen, von einer Herabwürdigung zur andern gedrängt sehen? Und dabei die in Allen lebendige Überzeugung, nicht besiegt, sondern lediglich durch denjenigen gelähmt worden zu sein, für dessen Majestät so viele Brave geblutet haben! Und dazu der Hohn, der Übermut des Herr gewordenen Pöbels."[1])

Schon war Bedenkliches in den Kreisen der Offiziere zu hören, in Spandau hieß es, sie würden sich auf die erlittene Schmach weigern, friedlich nach Berlin zurückzukehren, in Potsdam wollten sie den König mit Gewalt auch wider seinen Willen aus Berlin herausholen. Man war, stärker noch als 1812 bei Tauroggen, an dem bedrohlichen Punkt angelangt, wo auch bei dem monarchischsten Heere der bedingungslose Gehorsam sein Ende erreicht hat.

Da erschien, nur kurz zuvor angemeldet, am 25. März der König in Potsdam. Lautlos wurde er von den im Marmorsaale versammelten Offizieren empfangen; er trat „befangen, gebeugt, schleichend in ihre Mitte und sprach verlegen und unzusammenhängend". Durch sein Erscheinen wolle er zeigen, daß er nicht unfrei sei, auch die Truppen sollten Ordnung halten und alle Unbill vergessen. Er nannte ihr Benehmen über alles Lob erhaben, noch in seiner Sterbestunde werde er es ihnen gedenken. Dann sprach er wieder von seinem Aufenthalt in Berlin, den er „deliciös" nannte, nur der gesetzliche Sinn der Bürger halte Ordnung, er habe nie an solche Anhänglichkeit geglaubt, er werde es von dem Wunsch der Bürger abhängig machen, ob die Truppen zurückkehren sollten. Da war es unruhig unter den Hörern geworden; einer der nächststehenden Generale sagte dem König leise einige Worte, der darauf halb verlegen hinzufügte, daß man das nicht mißverstehen solle. General von Prittwitz entgegnete kurz, sie würden sich beeifern, den trefflichen Geist der Armee zu erhalten.

---

[1]) Roons Denkwürdigkeiten I, 146. Für das Folgende s. Gerlach I, 147—149, Preuß. Jahrb. 63, 541, Roon I, 150—152, Prinz Hohenlohe I, 67—74.

Der König glaubte, das zerrissene Band des Vertrauens zwischen sich und seinem Volk, das alte, von ihm immer geglaubte Treueverhältnis wieder hergestellt zu haben. Was davon Thatsache war, prüfte er nicht, darnach frug er nicht. Vor allem lag ihm jede Ahnung fern, welchen unermeßlichen Preis er dafür gezahlt hatte: zum erstenmal hatte ein König von Preußen das Vertrauen, ja geradezu jede Achtung seines Heeres verloren.

Nicht nur ältere Generale waren in einem Seelenzustand, daß ihnen bei jedem Wort über diese Dinge die Thränen kamen, selbst jüngere Offiziere waren innerlich wie gebrochen. Das Höchste in ihrem Beruf, das ihnen in der Person des Königs, in dem vom König zu ihnen gesprochenen Wort dargestellt gewesen, war ihnen genommen. Die Gefahr war thatsächlich groß, die damals dem Zusammenhalt des Ganzen und der Disziplin bei Führern und Mannschaften drohte. Noch am 5. Juni schrieb selbst ein Mann wie General von Gerlach in sein Tagebuch: „Unter den Offizieren ist noch Grimm und Nichtachtung gegen den König vorherrschend."

Der König war in Berlin trotz seiner Versicherungen und trotz der anfäuglichen Energie der Bürgerwehr inmitten einer nur wachsenden Anarchie und Pöbelherrschaft. Unsere Schilderung der Ereignisse mag hier abbrechen. Der Friede zwischen König und Volk war ja wieder hergestellt, wenigstens so weit es die Befriedigung von Friedrich Wilhelms persönlichem Empfinden erforderte. Jeder Rat, wie ihn Bodelschwingh und dann der Prinz von Preußen und Prittwitz gegeben, hatte den König immer noch auf kürzeren oder längeren Kampf mit dem Gegner hingewiesen; daher fielen die Zureden Vinckes, der Bürgerabordnungen, des Hofpredigers Strauß, des neu berufenen Ministers Graf Arnim auf fruchtbaren Boden, denn die sofortige Herstellung des alten, wenigstens vom König angenommenen Verhältnisses war nur möglich auf dem von ihm beschrittenen Wege, durch das schrankenloseste Nachgeben.

Die Männer waren dagewesen, um zu helfen, aber die Schwächlinge gaben den Ton an, dem man folgte. Die damaligen Helden des Tages, wie der berühmte Tierarzt Urban mit seinem langen Barte, sind für die spätere geschichtliche Betrachtung zu episodenhaften Figuren geworden, während für uns ein ganz neues Licht fällt auf die viel Geschmähten, den Prinzen von Preußen und den General von Prittwitz. Auf den Prinzen entlud sich ein geradezu fanatischer Haß der Bevölkerung, als Verbannter mußte er für einige Zeit nach England gehen, und Prittwitz wiederum hat vergeblich auf den Dank für seine dem Throne geleisteten Dienste warten müssen.

Wie schon in der Nacht nach dem 18. in seinem Aufruf hielt König Friedrich Wilhelm auch später stets den Gedanken von sich fern, daß die Revolution überhaupt etwas anderes hätte gewesen sein können, als nur das Werk eines Haufens verworfener Verschwörer, und ebenso eigentümlich verzeichnet wie das Gesamtbild der Revolution und besonders seiner eigenen Stellung darin grub sich das Bild der einzelnen Ereignisse und der Stellung der anderen mithandelnden Persönlichkeiten seinem Geiste ein. Er sah eben auch rückschauend die Dinge, wie er sie sehen wollte, nicht wie sie waren, und dem entsprechend verteilte sich in seinem Urteil Schuld und Unschuld.

Es mußte auffallen, daß er den hoch verdienten Prittwitz erst am 8. Juni wieder zu sich kommen ließ, und wie er gleich nach dem Abmarsch der Truppen Prittwitz mit Vorwürfen deshalb überschüttet haben soll, so sagte er Anfang Juli zu Gerlach, daß Prittwitz die Truppen nicht vor Räumung der gegenüberstehenden Barrikaden hätte zurückziehen dürfen. „An dieser Versäumnis des Generals Prittwitz sei Bodelschwingh unschuldig, nicht so an dem Rückzug und an der Räumung des Schlosses." „Ich habe keine Rancune gegen Prittwitz," so fügte er hinzu, „aber so verhält sich die Sache, was aus der Proklamation hervorgeht"; was nach der Abfassung der Proklamation geschehen ist, war somit seinem Gedächtnis entschwunden. Als der König im Mai 1851 bei einer Begegnung mit dem Zaren Nikolaus in Warschau diesem die Geschichte der Märztage erzählte, da scheint er wieder Prittwitz und Bodelschwingh als die Schuldigen hingestellt zu haben. Im März 1853 erhielt Prittwitz seinen Abschied; als Gerlach, damals des Königs Generaladjutant, ihm deshalb Vorhaltungen machte, erwiderte er, „er wisse, daß Prittwitz überall selbst den Rückzug der Truppen angeordnet habe, gegen seinen und des Prinzen von Preußen Willen!" Zar Nikolaus meinte zu jener Unterredung von 1851: „Der König beschuldigt seine Diener, nicht sich."

Und doch ist von keines Menschen Lippen ein schlimmeres Wort über die Demütigung des Königtums vor den Barrikadenkämpfern gefallen, als von den Lippen Friedrich Wilhelms IV. selbst. Er hat in seiner beliebten drastischen Ausdrucksweise vor Leopold Ranke oft das Wort gebraucht: „Damals lagen wir alle auf dem Bauch."[1]

Niemand, der sich die Ereignisse der Schreckensnacht und die wirr verzeichnete Erinnerung vergegenwärtigt, die sie im Geiste des Königs zurückließen, wird sich des beklemmenden Eindrucks erwehren können, daß das furchtbare, aller Welt bekannte Schicksal geistiger Umnachtung, das diesen reich begabten Fürsten traf, seine düsteren Schatten in jenen März 1848 vorauswirft. Der von der Zukunft nichts ahnende Bodelschwingh äußerte kurz

---

[1] Die verschiedenen Äußerungen Friedrich Wilhelms über die Märztage s. bei Gerlach I, 142, 169, 630, II, 22, 49; Ranke, Sämtl. Werke 51/52, S. 465, Brief an Bunsen 13. Mai 1848 bei Ranke, ebd., Bd. 49 bis 50, S. 462; vgl. Bunsens Leben II, 497. Eine verwirrte Mischung von Wahrem und Falschem stellt auch die Erzählung des Königs an Prinz Hohenlohe im Jahre 1856 dar (Hohenlohe I, 46). — Mit den erwähnten Äußerungen des Königs über Bodelschwingh ist dann wieder sein überschwänglicher Brief an den Minister vom 12. Juli 1848 zu vergleichen, bei Diest S. 54, Preuß. Jahrb. 63, S. 533. — An dieser Stelle möchte ich auf den glücklichen Versuch einer psychologischen Erklärung von Friedrich Wilhelms Verhalten während der Märztage hinweisen, den F. Meinecke an der Hand von Gerlachs Tagebüchern gemacht hat (Hist. Zeitschr. 70, bes. S. 67 f.), mit dem ich in den dort berührten Punkten durchaus übereinstimme, und für die Gesamtcharakteristik des Monarchen außerdem auf Treitschkes Meisterzeichnung (Deutsche Geschichte V, 6 ff.)

nach den Ereignissen, daß der König am Abend des 18. und am Morgen des 19. März auf dem Punkt gewesen sei, den Verstand zu verlieren.[1])

So drängt sich in die Beurteilung Friedrich Wilhelms während der Märztage eine andere Empfindung hinein: das tiefe Mitleid mit einem unglücklichen Menschen. Aber natürlich kann das niemals die furchtbare Niederlage des Königtums mildern, und ebenso wenig konnten solche Erwägungen den Zeitgenossen kommen und die unmittelbare Wirkung jener Vorgänge abschwächen. Als man dadurch eine Ablenkung der öffentlichen Aufmerksamkeit herbeizuführen suchte, daß Friedrich Wilhelm zwei Tage nach seiner Märzniederlage die Führung der deutschen Sache in die Hand zu nehmen versprach und sich auch sogleich kopfüber in die schleswig-holsteinischen Verwicklungen stürzte, da antwortete ihm nicht begeisterter Jubel, sondern der Widerspruch der Höfe, der allgemeine Hohn der öffentlichen Meinung. Der pomphafte Umritt des mit den deutschen Farben geschmückten Königs durch die Straßen Berlins am 21., der eine Kundgebung des geschehenen Wandels sein sollte, wurde aufgenommen als das, was er war, als eine neue demütigende Bloßstellung der Krone; es schien überhaupt kein Wort in Deutschland mehr stark genug gegen den König von Preußen. „Sein Name reicht leider schon hin, um jede Sache, mit der er in Verbindung tritt, zu verderben," so schrieb am 6. April der Herzog von Koburg seinem Bruder. Und als im Juni bei der Beratung der provisorischen Zentralgewalt im Frankfurter Parlament ein Abgeordneter den König von Preußen als Reichsverweser vorschlug, da war die Antwort „stürmische Heiterkeit in der Versammlung".

Keinem Schuldigen seien seine Sünden geschenkt, um derentwillen die nationalen Hoffnungen der Deutschen damals scheitern mußten: nicht Österreich seine Todfeindschaft gegen jede nationale Einigung, nicht den größeren Mittelstaaten ihre Souveränitätseifersucht, die sie zu Österreichs Bundesgenossen machte, nicht

---
[1]) Preuß. Jahrb. 63, S. 536.

der öffentlichen Meinung und ihren parlamentarischen Vertretern ihre partikularistische und doktrinäre Verranntheit. Haben sie auch alle mitgegraben am Grabe der deutschen Einheit, so war die deutsche Frage schon auf den Barrikaden von Berlin entschieden. Das war die bedeutungsvollste Entscheidung der Märztage, daß dieses Preußen in Deutschland unmöglich geworden war. An diesem Urteil ändert nichts, daß nach einiger Beruhigung der Gemüter doch in Frankfurt die Wahl des preußischen Königs zum deutschen Kaiser erfolgte, freilich auf Grund einer für ihn unannehmbaren Verfassung. Diese Wahl beweist nur, daß man bei keiner Neuordnung der deutschen Dinge die Fühlung mit dem preußischen Staat als der einfach ausschlaggebenden Macht in Deutschland preisgeben konnte, gleichgültig, wer damals diesen Staat regierte.

Da aber dürfen wir es als eine der einsichtsvollsten und dankenswertesten Handlungen Friedrich Wilhelms IV. bezeichnen, daß er die ihm dargebotene Krone nicht angenommen hat. Er handelte so, weil er diese Krone verabscheute als Werk der Revolution, aber doch auch etwas in dem Empfinden, welches er selbst einmal dahin ausdrückte, daß er kein Friedrich der Große sei.

Es sind damals reiche nationale Hoffnungen vernichtet und die Herzen treuer Patrioten mit verzweifelnder Trauer erfüllt worden. Aber die Erfüllung jener Hoffnungen wäre damals verfrüht, sie wäre geradezu ein Unglück gewesen. Denn das Königtum, das haltlos vor der Revolution der Straße zusammengebrochen war, konnte nimmermehr die Last einer Kaiserkrone tragen. Trotz aller mächtig vorandrängenden Begeisterung des Volkes wäre ein kaiserliches Deutschland damals thatsächlich führerlos gewesen; die Männer fehlten, um den Antrieben der Masse Richtung und Ziel zu geben. Schwerlich hätte dies Deutschland die Fähigkeit gehabt zu der unabweisbaren Abrechnung mit dem hinausgedrängten Österreich, das trotz seiner damaligen Zerrüttung nie kampflos hätte weichen können. Jetzt aber war eine Frist geschaffen zu besonnener Einkehr nach den revolutionären Stürmen, zu neuer und großer Sammlung der Kräfte des deutschen Zukunftsstaates, die Frist zugleich, in welcher der bereinstige Staatsmann der deutschen Einheit seine entscheidende politische Schulung durchmachen konnte. Deutschland mußte die für die Erfüllung seiner Hoffnungen gegebene Stunde abwarten. Diese größte Stunde deutscher Geschichte konnte aber erst dann kommen, als nicht mehr der Geschlagene des März, sondern einer der wenigen in jenem Sturme aufrecht gebliebenen Männer die Krone der Hohenzollern trug.

Die Überlieferung. Versuch einer Kritik der Quellen.

Die Berliner Märzereignisse von 1848 sind bei der fünfzig=
jährigen Wiederkehr jener Tage in der Presse aller Schattierungen
besprochen worden, fast überall natürlich von dem gegebenen
Parteistandpunkt aus, populäre Erzählungen sind erschienen,
auch haben wir durch veröffentlichte Erinnerungen von Zeit=
genossen einige Zugaben zu unserer Kenntnis von jenen Vor=
gängen erhalten; aber eine wissenschaftliche Durchforschung und
darauf ruhende Darstellung ist ausgeblieben. Auch das Buch
von Hans Blum, „Die deutsche Revolution von 1848—49",
folgt im wesentlichen den bisherigen Bearbeitungen.

Es soll hier versucht werden, ein solches wissenschaftliches
Nachwort zu der Litteratur der Märzereignisse zu geben. Die
letzte gründliche Erörterung über einen Teil derselben, auf der
wir heut noch stehen, ist Sybels Abhandlung von 1889[1]), durch
welche eine Reihe von Vorgängen zum Teil abschließend klar
gelegt worden ist: die Vorbereitung des Patentes vom 18. März,
die Entstehung des Aufrufes „An meine lieben Berliner", der
Abmarsch der am Mittag des 19. März beim Schloß vereinigten
Truppen in ihre Quartiere. Seit 1889 ist uns manche wert=
volle neue Quelle erschlossen worden, wodurch auch unser Urteil
über die älteren Berichte beeinflußt wird, so daß eine neue

---

[1]) Sybel, „Aus den Berliner Märztagen 1848", Hist. Zeitschrift 63,
S. 428—53, wieder abgedruckt in „Vorträge und Abhandlungen" in der
„Historischen Bibliothek". Ich citiere nach dem Aufsatz in der Zeitschrift.

Durcharbeitung der Frage gerechtfertigt erscheint. Ich werde in meinen Ausführungen von Sybel ausgehen, in der Hauptsache Ereignisse behandeln, die er übergangen hat, dann, wo wir es jetzt können, seine Darlegungen ergänzen, sonst nur, soweit es für das Verständnis des Zusammenhanges nötig ist, seine Ergebnisse wiederholen.

Leider bestehen die Hauptlücken in unserem Quellenmaterial, auf die Sybel hingewiesen hat, noch immer, die amtlichen Berichte sind verloren und von den revolutionären Führern fehlen noch heute die Aufzeichnungen. Die Hoffnung, einigen Aufschluß aus den Briefen von und an Herwegh aus dem Jahre 1848[1]) wegen dessen engen Beziehungen zu den internationalen Revolutionären zu erhalten, ist getäuscht. Die Briefe eröffnen wohl einen wenig erfreulichen Einblick in die Welt der revolutionären Phrase, in der diese Leute lebten, brauchbare neue Mitteilungen bringen sie so gut wie garnicht; vielleicht sind sie nach dieser Seite bei der Auswahl sorgsam gesiebt worden, so daß nur in einem Briefe Bakunins vom Januar 1849 die Ankündigung der Dresdener Frühjahrsrevolution enthalten ist, für die Wiener und Berliner Revolution gehen wir völlig leer aus.

Das gesamte uns zur Verfügung stehende Quellenmaterial können wir in zwei, eine genaue Klassifizierung zwar nicht bietende, aber zur Unterscheidung genügende Gruppen einteilen, wobei wir zu der ersten Gruppe die Berichte aller Personen rechnen, die zu der Regierung oder der militärischen Oberleitung irgend welche ihren uns vorliegenden Bericht beeinflussende Beziehungen hatten, zu der zweiten Gruppe alle unmittelbaren oder durch andere vermittelten Berichte von den mehr oder weniger zufälligen Teilnehmern und Augenzeugen, die durch eigene äußere Beobachtung der Vorgänge ihre Kenntnis erworben haben, gleichgültig, von welcher Partei- oder Berufsstellung sie waren: eine Scheidung also, weniger nach dem Parteistandpunkt als dem Beobachtungsstandpunkt. Bei der ersten Gruppe trifft deshalb

---

[1]) „1848. Briefe von und an Georg Herwegh", herausgeg. von Marcel Herwegh, Paris, Leipzig, München 1896.

beides zusammen, weil uns ja auf der revolutionären Seite im Gegensatz zu der der Regierung jede von den Führern ausgehende Mitteilung fehlt, die uns frei hinter die Koulissen sehen ließe.

Gerade umgekehrt überwiegen die Berichte der Führer durchaus auf der königlichen Seite, zumal wenn wir die mit den Führern in engster Beziehung stehenden Berichterstatter hier einbegreifen. Damit ist natürlich das bessere Quellenmaterial von vornherein unter der ersten Gruppe der Berichte, hier sind mehrere dadurch besonders zuverlässig, daß die Berichtenden oder ihre Gewährsleute in der Mehrzahl wenigstens Männer waren, die inmitten der allgemeinen Erregung die ruhige Besonnenheit bewahrt hatten. Rein äußerlich hatten sie einen bevorzugten Beobachtungsstandpunkt durch ihre Anwesenheit im Schloß.

Die Berichterstatter unserer zweiten Gruppe waren weit ungünstiger gestellt, sie waren oft mehr passive als aktive Teilnehmer, standen mitten in der Bewegung und der die ganze Menge beherrschenden Stimmung, beständig beeinflußt von den umlaufenden Gerüchten; auch für den ruhiger bleibenden Beobachter war der äußere Gesichtskreis, den er beherrschen konnte, naturgemäß ein beschränkter.

Von der ersten Gruppe stehen zeitlich voran einige zum Teil anonyme Veröffentlichungen, die aber von leitenden Männern verfaßt oder maßgebend beeinflußt waren. Die 1849 erschienene „Kontrasignatur der Proklamation vom 18. März 1848" stammt von dem Minister des Auswärtigen Freiherrn von Canitz, ein Artikel der Kreuzzeitung vom Januar 1849 von dem Minister des Innern von Bodelschwingh. Bodelschwingh hatte schon am 30. März 1848 in vollständig frischer Erinnerung einen brieflichen Bericht an den ihm befreundeten Geheimrat von Fallenstein in Heidelberg erstattet, der aber erst lange danach aus seinem Nachlaß im April 1889 in der Kölnischen Zeitung gedruckt wurde. Fragmente aus Bodelschwinghs Papieren wurden in demselben Jahr durch die Perthesschen Aufzeichnungen bekannt, fast alles liegt jetzt gesammelt vor in von Diests Erinnerungen.¹)

Über die von militärischer Seite 1850 veröffentlichte Schrift „Die Berliner Märztage. Vom militärischen Standpunkt aus geschildert" werden wir nachher besonders zu reden haben. Gegen sie wandte sich Bodelschwinghs Nachfolger Graf Arnim-Boytzenburg in einer besonderen Verteidigungsschrift, die zugleich eine Reihe von Mitteilungen über die Vorgänge des März enthält.²) Arnim unterscheidet sich von den anderen Berichterstattern dieser Gruppe sehr zu seinen Ungunsten, indem sich die ziemlich haltlose Aufgeregtheit, die ihn in den entscheidenden Stunden beherrscht hat, getreulich in dem unklaren und widerspruchsvollen Durcheinander seiner Erzählung widerspiegelt.

An dieser Stelle wollen wir anfügen, daß die Seelenstimmung des Königs, der ja während der Revolution innerlich zusammenbrach, später dahin nachwirkte, daß sich in seine Phantasie ein völlig verzeichnetes Bild von jenen Vorgängen eingrub, so daß seine Äußerungen über die Revolution wichtig sind für die psychologische Beurteilung des Monarchen, aber einen objektiven Quellenwert so gut wie gar nicht besitzen.³)

Wichtige Beiträge haben wir den schon erwähnten Aufzeichnungen des Bonner Professors Otto Perthes zu verdanken⁴),

---

¹) Gustav von Diest, „Meine Erlebnisse im Jahre 1848 und die Stellung des Staatsministers von Bodelschwingh vor und an dem 18. März 1848." Berlin 1898. Diest hat die Veröffentlichung gemacht ohne Kenntnis davon, daß das gesamte Material schon an verschiedenen Stellen früher gedruckt und von Sybel ausgiebig benutzt worden ist. Die Publikation ist trotzdem sehr dankenswert, weil sie die verstreuten Stücke in bequemer Weise vereinigt.

²) „Bemerkungen des Grafen Arnim-Boytzenburg zu der Schrift: Die Berliner Märztage, vom militärischen Standpunkt aus geschildert". Berlin, Oktober 1850.

³) Außer in den Tagebüchern Gerlachs finden wir Äußerungen des Königs in Rankes Biographie Friedrich Wilhelms (S. W. 51/52) und in dem von ihm herausgegeb. „Briefwechsel Friedrich Wilhelms IV. mit Bunsen" (S. W. Bd. 49/50 S. 461 ff.).

⁴) „Beiträge zur Geschichte der Märztage 1848" in Preuß. Jahrb. 63 (1889) S. 527—43; s. über sie Sybels Bemerkung S. 430 Note.

der alle Erzählungen, die ihm damals oder später von Beteiligten zugingen, und zwar meist solchen, die im Schloß zugegen gewesen waren, aufgezeichnet und ohne eine feste chronologische Folge zu beobachten zusammengestellt hat.

Perthes gibt schon viele Äußerungen von militärischer Seite, von der uns sonst mehrere der besten Berichte nach dem Tode ihrer Verfasser zugänglich geworden sind. Eine hervorragende Stellung nehmen darunter die Mitteilungen des Generals von Natzmer[1]) ein, eines Mannes, der bei den wichtigsten Vorgängen im Schlosse zugegen war, jeden Augenblick zu helfen bereit, ohne sich aber in irgend etwas ungerufen einzumischen, der nie die Ruhe verlor und dadurch ein sicherer, zuverlässiger Beobachter war.

Von den Veröffentlichungen, die Sybel noch nicht benutzen konnte, stehen in erster Linie die Tagebücher des Generals Leopold von Gerlach.[2]) Wir haben über die Märzereignisse nicht seine ursprünglichen Tagebuchnotizen, wie sonst bei ihm, sondern eine, natürlich auf diesen beruhende, später im Zusammenhang ausgeführte Darstellung, die außerdem eine Reihe rein äußerlicher späterer Einschaltungen erhalten hat. Da eine Erzählung des Prinzen von Preußen nach seiner Rückkehr aus England, also frühestens Anfang Juni 1848 (S. 145), durchaus im Zusammenhang der Darstellung erscheint, so kann diese nicht früher verfaßt sein, möglicherweise sogar nicht vor Juli, wenn die S. 142 berichtete Unterredung mit dem König vom 2. Juli nicht ein späterer äußerer Zusatz ist. Auffallend ist die Art, wie in der Einleitung (S. 128) von Radowitz' Eigenschaften im Präteritum wie von denen eines Verstorbenen gesprochen wird, aber ein Schluß daraus auf die Abfassungszeit würde, da Radowitz erst Dezember 1853 starb, viel zu weit gehen und wird auch durch keine andere Angabe unterstützt.

---

[1]) „Unter den Hohenzollern. Denkwürdigkeiten aus dem Leben des Generals Oldwig von Natzmer", herausg. von Gneomar Ernst v. Natzmer. 3. Bd. Gotha 1888. S. 176 ff.

[2]) „Denkwürdigkeiten aus dem Leben Leopold v. Gerlachs", herausg. von seiner Tochter. Bd. I. Berlin 1891. S. 127 ff.

Bei wichtigen Vorgängen war Gerlach nicht Augenzeuge. Am 18. März früh war er vom Schloß nach Hause gegangen und kam erst nach dem Ausbruch zurück (S. 134), bei den Kämpfen in der Umgebung des Schlosses war er zugegen, ebenso bei der Unterredung zwischen dem König und Vincke (S. 136, 137, 138). Am 19. kam er erst gleichzeitig mit dem von den Barrikaden abziehenden Truppen zum Schloß (S. 139), hat also die wichtigen vorhergehenden Scenen nicht miterlebt; während der folgenden Ereignisse blieb er im Schloß. Das Wichtigste, was er erzählt, hat er nicht selbst gesehen, sondern von verschiedenen Gewährsmännern gehört, und zwar gehen seine hauptsächlichen Mitteilungen auf zwei Personen als Quelle zurück, den Prinzen von Preußen und den kommandierenden General von Prittwitz. Beide werden von ihm citiert (S. 139, 140, 141, 143), oder er berichtet Vorgänge, die nur sie ihm erzählt haben können (S. 139 f., 141 f.).

Unzweifelhaft stammt auch die Erzählung über Prittwitz' Vorgehen auf dem Schloßplatz am 18. (S. 134 f.) vom General selbst, und diese stimmt im Hauptinhalt gut zu der Darstellung in der schon genannten, 1850 anonym erschienenen, von Oberst Schulz verfaßten Schrift „Die Berliner Märztage. Vom militärischen Standpunkt aus geschildert" (S. 29 f.).[1]) Auch der weitere Vergleich und die dabei festzustellende Übereinstimmung der von Prittwitz stammenden Nachrichten bei Gerlach mit der Darstellung bei Schulz lassen nur deutlicher hervortreten, daß Schulz nicht allein nach Sybels Ausdruck (S. 436 Note) „ohne Zweifel von Prittwitz inspiriert" ist, sondern daß seine Schrift in allem, was Prittwitz selbst angeht und was Prittwitz gesehen hat, für uns geradezu als dessen eigener Bericht gelten muß, den nur eine andere Feder zu Papier gebracht und den die Rücksicht auf die damalige Veröffentlichung natürlich beeinflußt hat. Bei Gerlach und Schulz erhalten wir somit einigen Ersatz für die große, 1854 unterdrückte Rechtfertigungsschrift des

---

[1]) Ich citiere die Schrift unter dem Namen des Verfassers und nach der im gleichen Jahr erschienenen 2. Auflage.

Generals Prittwitz, von der Sybel einige erhaltene Bruchstücke hat benutzen können. Schulz' Buch ist in diesen Partien eine Quelle ersten Ranges, die bisher noch nicht diesem ihrem Wert entsprechend ausgenutzt worden ist. Manche neue Anschauung gewinnen wir aus der Verbindung der neuesten uns verfügbar gewordenen Quellen mit dieser, die eine der am längsten bekannten ist.

In diese erste große Gruppe unserer Quellen sind noch einzurechnen die Denkwürdigkeiten Roons, des Generals Prinz Hohenlohe und für einen Punkt die von Kugler veröffentlichten Mitteilungen des Grafen Stillfried.[1]) Die Denkwürdigkeiten Roons haben vor denen Hohenlohes den bedeutenden Vorzug, daß wir in ihnen den unmittelbaren Eindruck der Ereignisse aus gleichzeitig geschriebenen Briefen erhalten; Hohenlohes Aufzeichnungen sind in den Jahren 1881—83 niedergeschrieben, in den Einzelheiten oft ungenau und mit Vorsicht zu benutzen, dagegen vortrefflich in der charakterisierenden Schilderung des Gesamteindruckes, den der Verfasser in jenen Tagen erhalten hat.

Die zweite Gruppe unserer Quellen ist natürlich durch die große Zahl der Berichterstatter äußerst mannigfaltig. Eine unentbehrliche Sammlung bleibt die bekannte Revolutionschronik von Adolf Wolff, eine mit dem größten Fleiß hergestellte Materialsammlung, alles dem Verfasser Zugängliche enthaltend, Aktenstücke, Zeitungsberichte und ganz besonders durch Umfrage gewonnene Mitteilungen von Augenzeugen. Dies Material ist entweder im Wortlaut abgedruckt oder in die den Inhalt augenscheinlich treu wiedergebende Darstellung verwoben. Die Sammlung wird von dem denkbar einseitigsten Parteistandpunkt beherrscht, alles was dem widerspricht, wird ohne viel Prüfung abgewiesen. Für uns ist das gleichgültig, da der Verfasser seine

---

[1]) Denkwürdigkeiten aus dem Leben des Generalfeldmarschalls Kriegsministers Grafen von Roon", I. Bd., 4. Aufl., Breslau 1897, S. 126 ff. Prinz Kraft zu Hohenlohe-Ingelfingen, „Aus meinem Leben". I. Bd., Berlin 1897, S. 16 ff. Kugler, „Die Berliner Märztage 1848. Ein Brief Graf Rudolfs von Stillfried-Alcántara", in Dtsch. Rdsch. 62 (1890), S. 413 ff.

Parteistellung nicht im mindesten verbirgt und wir die ihn ergänzenden Quellen von der anderen Seite in reichlicher Fülle besitzen; so bleibt Wolffs Buch für die von ihm an erster Stelle vertretene Quellengruppe einfach unschätzbar.[1])

Dazu kommt dann die große Zahl damals oder später niedergeschriebener Erinnerungen, die sowohl auf eigener Beobachtung wie auf den mehr oder minder gut gesammelten Mitteilungen anderer beruhen. Zu diesen gehören die »Signatura temporis« vom November 1848[2]) und „Gegen die Signatura temporis" von 1849; der Verfasser der ersteren war der Historiker Heinrich Leo, der der letzteren, die manche Mitteilung aus der studentischen Bewegung bringt, der junge Aegidi. Sehr

---

[1]) „Berliner Revolutionschronik. Darstellung der Berliner Bewegungen im Jahre 1848 nach politischen, sozialen und litterarischen Beziehungen" von Adolf Wolff. 3 Bde. Berlin 1851—54. Die neue „Jubiläums-Volksausgabe" von E. Gomperz in 1 Bd., Berlin 1898, bringt nicht die geringste Verbesserung, sondern ist ein ganz grob mit dem Rotstift gearbeiteter Auszug der alten Ausgabe und neben dieser für den Forscher vollkommen wertlos. — Arend Buchholtz gibt in der Deutschen Rundschau 94 (1898), S. 426—38, einen kurzen Überblick über „Die Litteratur der Berliner Märztage" und weist besonders auf die großen Sammlungen von Revolutionslitteratur hin, die zum Teil in den Besitz der Stadt Berlin gekommen sind. Gewiß könnte aus diesen die „Revolutionschronik" Ergänzungen erfahren, aber Buchholtz unterschätzt entschieden den Wert, den Wolffs Chronik heute noch hat. Die wichtigste Ergänzung besitzen wir in den Quellen der anderen Gruppe, die weitere ungeheure Masse der eigentlichen Revolutionslitteratur wird schwerlich außer der Zufügung von Äußerlichkeiten unsere historische Kenntnis sehr vermehren können, denn sie gehört durchweg zu dem einen Quellenkreis, dessen beste Vertreter doch eben Wolff in seinen Bänden gesammelt hat. — Der Kürze wegen nenne ich den Namen oder die sonstige Bezeichnung von Wolffs Gewährsmännern nur, wo es besonders geboten erscheint; sonst bedeutet jede Seitenangabe aus Wolff in den Citaten einen anderen Berichterstatter.

[2]) Als eine „berichtigende Anmerkung zur Signatura temporis" bezeichnet sich auch die Schrift des Ministers von Canitz. Leos Broschüre gehört in ihrer ganzen Art in die zweite Quellengruppe hinein, obwohl vermutlich gerade einige wichtige und gut zu benutzende Mitteilungen derselben von dem Polizeipräsidenten von Minutoli stammen.

ungleich in ihrem Wert sind die Aufzeichnungen Varnhagens.¹)

Spätere Erinnerungen geben ein Anonymus in den „Grenzboten" 44, 1 (1885) S. 505 ff.: „Aus dem Jahre 1848", ein Gleicher unter der Chiffre L. in der „Vossischen Zeitung" 1892, Sonntagsbeilage 10: „Der Anfang des Märzaufstandes in Berlin". Schon vorher, in Sonntagsbeilage Nr. 6, hatte Max Schasler in einer Polemik gegen Sybel: „Der Anfang des Märzaufstandes in Berlin. Tagebucherinnerungen eines alten Achtundvierzigers" das Wort ergriffen und die hier gegebene Darstellung nachher kürzer in seinen Lebenserinnerungen wiederholt.²) Dazu kommen die Erinnerungen von Werner Siemens, Genée, Fontane, Frenzel, von dem Gesandten der neuen französischen Republik Graf Adolf von Circourt, auch die „Berliner Briefe eines preußischen Offiziers aus dem Jahre 1848." ³)

Der verschiedenartige Wert dieser sämtlichen Berichte wird sich aus den nachfolgenden Untersuchungen ergeben.

---

¹) „Tagebücher von K. A. Varnhagen von Ense", 4. Bd., Leipzig 1862, S. 172 ff.

²) „Über ein halbes Jahrhundert. Erinnerungsbilder aus dem Leben eines alten Burschenschafters" von Max Schasler, Jena 1895. — Emanuel Mai hat auch in der „Vossischen Zeitung" 1892, Sonntagsbeilage Nr. 2—5, eine ausgewählte Sammlung „Die Berliner Straßenlitteratur des Jahres 1848" veröffentlicht und in Nr. 2 einige, freilich sehr spärliche eigene Erinnerungen an den 18. März eingeschaltet.

³) Werner Siemens, „Lebenserinnerungen", 4. Aufl., Berlin 1895, S. 47 f.; Rudolf Genée, „Zeiten und Menschen. Ereignisse und Meinungen", Berlin 1897, S. 52 ff.; Theodor Fontane, „Von Zwanzig bis Dreißig", Berlin 1898, S. 575 ff., dieser Abschnitt schon früher gedruckt Cosmopolis, IV. (1896), S. 248 ff.; Karl Frenzel, „Die Berliner Märztage. Ein Stimmungsbild", Dtsch. Rdsch. 94 (1898), S. 355 ff.; Comte A. de Circourt, ›Berlin avant les Barricades (mars 1848)‹, La Revue de Paris 1896, S. 372 ff.; „Die Berliner Briefe", Dtsch. Rdsch., Bd. 27 (1881), S. 221 ff. und 418 ff. — Ich habe das neu erschienene Werk „Heinrich Abeken. Ein schlichtes Leben in bewegter Zeit, aus seinen Briefen zusammengestellt", Berlin 1898, leider nicht mehr benutzen können; die von Abeken in seinen Briefen an Bunsen über die Märztage gemachten Mitteilungen hätten Änderungen meiner Darstellung nicht nötig gemacht, dagegen findet sich in ihnen manche meine Auffassung bestätigende Bemerkung.

Die Ereignisse vor dem Schloß am Mittag des 18. März.

Die kurze, aber äußerst lebensvolle Schilderung, die Sybel in seiner „Begründung des Deutschen Reiches" (I, 138 f.) von dem Ausbruch der Revolution auf dem Schloßplatz am 18. März gibt, hat einen heftigen Angriff durch Max Schasler erfahren, der selbst diesen Ausbruch mit erlebt hat. Wenn wir nun den Bericht Schaslers mit allen anderen, die uns über diese Vorgänge erreichbar sind, kritisch vergleichend zusammenstellen, so gewinnen wir recht belehrende Erfahrungen über den Quellenwert solcher Augenzeugenberichte überhaupt. Die Vorgänge sind uns geschildert worden von Beobachtern, die wie Schasler selbst auf dem Platz, oder die im Schloß, oder in einem Haus dem Schloß gegenüber gewesen waren. Auch die besten dieser Berichte zeigen größere und kleinere Lücken und Irrtümer, deren Vorhandensein und deren Grund stets durch den Vergleich mit den anderen Berichten nachweisbar ist. Die Verfasser haben meist nur einen Teil der Ereignisse gesehen und verallgemeinern die dabei gemachte Beobachtung auf das Ganze, oder bei dem schnellen Wechsel der gesehenen Bilder entschwinden ihnen die verbindenden Vorgänge und getrennte rücken zu einer einzigen Handlung zusammen, oder ein später gesehenes Bild wird über die zwischenliegenden Ereignisse hinweg mit einem weit früheren Vorgang verbunden. Bei diesem Charakter der Quellen dürfen wir nur das als verbürgt annehmen, was entweder von mehreren übereinstimmend oder wenigstens von einem bei dieser Vergleichung als durchaus zuverlässig erprobten Berichterstatter gemeldet wird.

Aus den übereinstimmenden Berichten ergibt sich nun für die Vorgänge in der auf dem Platz versammelten Menge bis zur Katastrophe, daß die Menge in ihrem Äußeren und in ihrem Verhalten zuerst einen durchaus günstigen Eindruck machte (Schasler, Wolff S. 127, 128, 129, L., „Vossische Zeitung"; Beil. 10, Schulz S. 27, Bodelschwingh bei Diest S. 6), daß dann durch Ab- und Zuströmen dieser Charakter sich änderte Wolff S. 125, Leo S. 28 f., Schulz S. 27) und auf einmal

Die Überlieferung. Versuch einer Kritik der Quellen. 53

ein immer stärker werdendes Andrängen an die Portale begann (Wolff S. 125, 129, Schulz S. 28, Bodelschwingh bei Diest S. 19), daß erst dadurch die Menge des im Schloß sich befindenden Militärs ansichtig wurde, das bisher gegen das Volk durch die Reihe der bürgerlichen Schutzmannschaften abgeschlossen war, und daß dann erst der Ruf „Fort mit dem Militär" erhoben wurde (Wolff S. 124, 125, 129, L., „Voss. Zeitung" Beil. 10). Gegenüber diesen letzteren Angaben zeigt sich also als falsch die des anwesenden Mitredakteurs der „Spenerschen Zeitung" Curtius (Wolff S. 128), daß „rings auf dem Platze" Militär gestanden habe, und ebenso die Angabe Schaslers, daß der „Entrüstungsruf: fort mit den Soldaten" erst „durch das Erscheinen des Militärs" hervorgerufen worden sei. Das Militär hatte sich bis dahin völlig passiv verhalten.

Je mehr die Aufregung auf dem Schloßplatze wächst, um so aufgeregter und verwirrter werden auch die Berichte über die Vorgänge, um so stärker sehen wir die erregte Phantasie dessen arbeiten, der noch einmal im Geiste alles durchlebt. Wir wissen jetzt, daß auf Befehl des Königs eine Dragonerschwadron an der Stechbahn aufmarschierte, aber beim ersten Versuch, im Schritt vorzugehen, von der anstürmenden Volksmasse zurückgedrängt wurde, daß natürlich im Getümmel die Pferde unruhig wurden, und daß einige Dragoner blank zogen. Während die Dragoner überhaupt keinen Raum hatten, um in schneller Gangart gegen die Menge anzureiten, während wegen ihrer Bedrängnis die Infanterie aus dem nächsten Portal ihnen zu Hilfe kommen mußte und deren breites Ausschwärmen über den Platz allein schon der Beweis ist, daß die Dragoner nicht weit auf dem Platz vorgedrungen sein konnten, so lesen wir in den Berichten von einer „Attacke" der Dragoner, von ihrem Einhauen mit geschwungenem Säbel, von ihrem Reiten im Trabe oder im Galopp (Wolff S. 126, 127, 138, Varnhagen 4. Bd., S. 308). Ein Berichterstatter Varnhagens war so überzeugt von dem, was er „gesehen mit eigenen Augen", daß er in der aufregenden Erinnerung Varnhagen „zum Überflusse die Galoppsprünge der Pferde vormachte".

Den ruhigsten Bericht haben wir natürlich bei Schulz S. 29 f., der hier auf Prittwitz und den Berichten der einzelnen Truppenführer beruht, mit dem Gerlach S. 134 f. fast vollständig übereinstimmt; auch Bodelschwingh gibt in seinem Brief an Fallenstein einen bis auf Kleinigkeiten, die er vom Schlosse aus nicht sehen konnte, genau gleichen Bericht. Eine Kompagnie ging von dem der Breitestraße gegenüberliegenden Portal zu dieser hin, eine zweite von dem andern Portal zur Brücke, beide mit „Gewehr über", dann zur Säuberung des letzten Stückes des Platzes ein Zug der erstgenannten Kompagnie von der Breitestraße ebenfalls zur Brücke, dieser aber — wir erfahren diese nicht unwichtige Einzelheit nur durch Bodelschwingh — mit „Gewehr fertig".

Von all diesen Vorgängen haben die selbst erregten Beobachter nur Teile gesehen. Schasler läßt in unklarer Erinnerung die Dragoner gleich „flankiert auf beiden Seiten von Infanterie" vorgehen, selbst Bodelschwingh konnte von seinem Standpunkt nicht sehen, daß jede der beiden Kompagnien aus einem andern Portal ausrückte, der am Fenster gegenüber stehende Augenzeuge (Wolff S. 139), dessen Blick nur die zuerst vorgehende Kompagnie verfolgte, sah ganz richtig, daß sie zur Breitestraße rückte, nicht aber, daß sie dort stehen blieb und nur einen Zug zur Brücke entsandte, er läßt die ganze Kompagnie dorthin marschieren; ein anderer „authentischer" Bericht (Wolff S. 127) zieht die Bewegungen beider Kompagnien und des Zuges in eine zusammen: die Kompagnie sei schon beim Vorrücken gegen die Breitestraße in der Mitte des Platzes nach links zur Brücke abgeschwenkt und habe hier schon das Bajonett gefällt.

Sybels Angreifer, Schasler, zeigt, daß er von alledem ein ganz unklares Bild hat, da er während dieser Zeit „im Namen des versammelten Volkes" mit dem General von Möllendorf sprach und dadurch diese Bewegungen überhaupt nicht gesehen hat; er sah die Vorgänge erst wieder, als der Zug von der Breitestraße zur Brücke vorrückte, aus dem dann die beiden verhängnisvollen Schüsse fielen. Ebenso unklar ist er wieder, wenn er, nachdem dies alles geschehen und der Schloßplatz gesäubert war, das Kommando „vorwärts" erschallen läßt, worauf „die ganze Front" (?) „im Sturmschritt bis zu der Brücke vorrückte, so daß nunmehr der ganze Schloßplatz abgeschlossen war". Vielleicht meint er mit der „ganzen Front" die zuletzt über den Platz reitenden Dragoner, denn die Infanterie war längst vorher „im Sturmschritt" zur Brücke gelangt und hatte den Platz abgesperrt.

Das Hauptgewicht aber legt Schasler auf seine Darstellung von den beiden Schüssen. Sybel ist den Angaben bei Schulz (S. 31) gefolgt, die sich auf das Protokoll des späteren Verhörs stützten[1]), wonach ein Stockschlag auf das Piston (nicht Hahn, wie Sybel meint) des Gewehrs bei einem Unteroffizier, und das Ungeschick eines ohne Befehl sein Gewehr zur „Attacke rechts" nehmenden Gemeinen die beiden Schüsse veranlaßt haben. Dieser Bericht erscheint um so einleuchtender, als wir durch Bodelschwingh wissen, daß dieser Zug nicht wie die Kompagnien mit „Gewehr über", sondern mit „Gewehr fertig", d. h. den Lauf unter einem halben rechten Winkel in die Höhe gerichtet, vorging. Bodelschwingh betont außerdem ausdrücklich, daß gerade an dieser Stelle gar kein Widerstand geleistet, also auch gar kein Anlaß zum Waffengebrauch gegeben war.

Von den Augenzeugen sprechen sich nur zwei genau über die Schüsse aus, Schasler und ein ungenannter Beobachter vom gegenüberliegenden Fenster (Wolff S. 139). Letzterer sagt „mit vielen anderen ähnlich postierten Zuschauern, die Gewehre seien nicht zufällig losgegangen, sondern zwei Mann seien aus der Front vorgetreten, hätten hoch angeschlagen und gefeuert, um zu erschrecken". Schasler stimmt damit nur in der Gewißheit überein, daß die Schüsse absichtlich abgegeben waren, sonst sagt er mit genau derselben Sicherheit des selbst zusehenden Beobachters genau das Gegenteil: daß „zwei Grenadiere aus dem Gliede sprangen, die Gewehre senkten und zwei Schüsse

---

[1]) Der Inhalt des Verhörs ist wiedergegeben bei von Meyerinck, „Die Thätigkeit der Truppen während der Berliner Märztage des Jahres 1848", Beiheft zum Militärwochenblatt 1891, Heft 4 und 5, S. 138 Note.

auf die das Trottoir von der Ecke der Breitestraße nach der Brücke Passierenden, darunter auch Frauen, abfeuerten." Da Schasler selbst wohl die Unwahrscheinlichkeit fühlt, daß zwei solche Nahschüsse in die Menge niemand getroffen haben sollen, so fügt er hinzu, nach einer späteren Versicherung sei eine Kugel einer Frau durch das Kleid gegangen; „dies aber habe ich selbst nicht gesehen", meint er treuherzig. Schasler sah eben den Schuß aus dem gesenkten Gewehre des Gemeinen, der andere Zeuge den aus dem nach oben gerichteten Lauf des Unteroffiziers herausblitzen, und beide haben sich danach unwillkürlich das ganze Phantasiebild ausgestaltet.

Wenn Schasler außerdem auf die „Absicht, eine Katastrophe hervorzurufen", und auf die Möglichkeit eines Befehls zu diesen Schüssen hindeutet, so sehen wir daraus nur, wie solche falsche, in der Aufregung des Augenblicks allgemein verbreitete Einbildungen durch die Jahrzehnte hindurch bei den Menschen haften bleiben trotz allem, was darüber bekannt geworden ist. Auf derselben Grundlage beruht es, wenn der Anonymus L. noch im Jahre 1892 apodiktisch urteilt: „es ist jedenfalls eine falsche Behauptung, daß der Befehl, den Schloßplatz zu räumen, vom König gegeben worden ist. Eine andere finstere Macht stand hinter dem König."

Über die ungeheuerlichen Übertreibungen des in jenen Stunden von Mund zu Mund gehenden Gerüchtes kann man sich nicht mehr wundern. Die Tagespresse gab lediglich diesen Übertreibungen und der durch sie hervorgerufenen Stimmung Ausdruck, selbst wenn die Berichtenden zugegen gewesen waren. So schreibt der Korrespondent der radikalen „Mannheimer Abendzeitung" um 4 Uhr nachmittags: „Ich komme vom Schloßplatz. Meine Hand bebt. Der König hat Preßfreiheit mit Kaution verheißen. Die Bürger kommen und wollen ihm ein Hoch bringen. Man antwortet mit einer Salve. Dragoner hauen ein u. s. w."

Die gründliche Prüfung aller vorliegenden Berichte führt uns zu dem Ergebnis, daß wir wohl einige Linien des von Sybel gezeichneten Bildes zu verändern haben, daß dies Bild aber in seiner Gesamtheit nur bestätigt wird, daß dagegen Sybels scharfer Kritiker, Schasler, sich unter den berichtenden Augenzeugen als einen der mangelhaftesten Beobachter erwiesen hat.

— Im Anschluß an diese Erörterung über die Vorgänge auf dem Schloßplatz verlohnt es sich wohl, die viel umstrittene Frage zu berühren, ob hinter der handelnden Menge Führer standen, die sie nach bestimmt vorliegendem Plane zu leiten suchten und die hier wie nachher in der Einleitung des Straßenkampfs und bei den berüchtigten Leichenzügen am 19., also stets in den entscheidenden Momenten, hervortraten. Wenn auch noch so viele Teilnehmer aus bürgerlichen Kreisen, neuerdings z. B. mit besonderem Nachdruck Karl Frenzel in seinen Erinnerungen[1]), nichts von fremden Sendlingen gesehen haben wollen, so stehen dem doch mehrere positive Zeugnisse gegenüber. In der Hist. Zeitschr. 65 (1890), S. 78 f., ist von ungenanntem Verfasser die Erinnerung aufgezeichnet an ein in Hannover belauschtes, französisch geführtes Gespräch von Leuten, die sich der Teilnahme an den drei Revolutionen in Paris, Wien und Berlin rühmten; der Gesandte der französischen Republik in Berlin, Graf Circourt, spricht in seinen Aufzeichnungen von den Revolutionären, die ganz offen in Berlin wie in den anderen deutschen Hauptstädten wirkten, und tadelt die Berliner Polizei wegen ihrer geringen Energie, sie verhafte einige Handwerker, ohne die Hand an einen einzigen der Leiter der Unruhen zu legen (Revue de Paris 1896, S. 390, 393). Dazu kommen die bestimmten Erklärungen Roons (Denkw. I, 130) und des Prinzen Hohenlohe (I, 123), deren Angaben gewiß nicht von unparteiischen, aber doch von ruhigen und besonnenen Männern stammen. Die späteren Äußerungen Friedrich Wilhelms über diesen Punkt sind stark übertrieben (an Bunsen 13. Mai, Ranke S. 462, vgl. 466), und es ist da entschieden viel abzuziehen, bis der richtige Kern übrig bleibt, auf den natürlich auch sie zurückzuführen sind.

---

[1]) „Die Fremden, die zur Revolution geschürt haben sollen, sind mir in diesen acht Tagen nicht begegnet, ebenso wenig wie die Verschwörer, die einen Plan zum Aufstand in der Tasche hatten" (Dtsch. Rundsch. Bd. 94 S. 373.

Die beste Bestätigung aber bietet der Gang der Ereignisse selbst, der in seinen Hauptmomenten einfach nicht zu erklären ist, wenn wir die planmäßig vorbereitende und eingreifende Führung streichen wollen.

Es wird wohl etwas mehr als Zufall gewesen sein, wenn zweimal der Polizei die Pläne zu revolutionären Vorstößen bekannt waren, denen dann die genau entsprechende Ausführung folgte. So hat ein Bericht des Polizeipräsidenten von Minutoli vom 15. März (abgedruckt im Beiheft zum Militärwochenblatt 1891, S. 104) genau den Angriff auf das Schloß vorhergesagt, der dann am Nachmittag erfolgte. Dieser Angriff des 15. erscheint wie eine Generalprobe zu dem dann für den 18. geplanten Hauptschlag. Dabei genügt es wohl, wenn wir die von uns nach sorgsamer Prüfung der Berichte festgestellten Vorgänge auf dem Schloßplatz zusammenstellen mit dem von Bobelschwingh selbst mitgeteilten Plan der revolutionären Führer.

Wir sahen der anfänglichen frohen Dankesstimmung in der Menge einen auffallenden Stimmungswechsel folgen, dann ein immer stärker werdendes Vordrängen zu den nach der königlichen Wohnung führenden Portalen, wobei sich übrigens viele bürgerliche Schutzleute eifrig beteiligt zeigten (nach Bobelschwinghs Beobachtung, Diest S. 21), zugleich die plötzlich erhobene Forderung, das schützende Militär wegzuziehen; der Versuch, durch das Militär den Platz zu säubern, führte schließlich den Ausbruch des Kampfes herbei. Der Bobelschwingh am 17. bekannt gewesene revolutionäre Plan sagte, daß am Mittag des 18. dem König in einer Massendemonstration eine Petition übergeben werden sollte, und daß man durch Voranstellen der Schutzleute „den Gebrauch der Waffen moralisch unmöglich machen wolle, um so ins Schloß einzudringen, den König momentan in ihre Gewalt zu bringen und alles von ihm zu erpressen oder wenigstens den Schein zu gewinnen, daß sie die Konstitution, oder was er sonst geben wolle, von ihm ertrotzt. Sollte dennoch das Militär einschreiten, so wolle man die Revolution ausrufen und, sich weislich hinter die Koulissen ziehend, den fremden und heimischen Pöbel hinter die Barrikaden stellen." (Diest S. 19.)

Wir sehen also, wie eine zuerst gar nicht feindlich gesinnte, aber immer erregter werdende Menge nach bestimmt vorliegendem Plan auf ein bestimmtes Ziel hingeschoben wird, bis sie in eigene Bewegung gerät und nun mit der in ihr liegenden elementaren Kraft selbst immer stärker auf dies Ziel hindrängt. Sie dahin ihr selbst unbewußt zu bringen, darin liegt ja überhaupt das Geheimnis revolutionärer Massenführung. Genau dasselbe wiederholte sich dann beim Kampfausbruch in dessen Einleitung, der kunstgerechten Verteilung und Errichtung der Barrikaden, und am 19. März in der sofortigen Ausnutzung des durch den Truppenabzug ganz unverhofft errungenen Sieges durch die gleichzeitige Inscenierung jener Leichenzüge zum königlichen Schloß nach Pariser Muster und durch das endlich gelingende Einbringen wenigstens in die Höfe des Schlosses mit der tiefen Demütigung des Monarchen. Hoffentlich erhalten wir noch einmal gründliche aktenmäßige Aufschlüsse, aber durch das, was wir wissen, haben wir für die Thatsache selbst schon Beweises genug.

Die Ereignisse im Schloß am Morgen des 19. März bis zum Rückzugsbefehl für die Truppen.

Die Erörterungen Sybels über die Vorgänge im Schloß, die Reihenfolge der dort erscheinenden Abordnungen und der daraufhin stattfindenden Beratungen werden durch unser neues Material und die damit verbundene Prüfung des alten, besonders des Berichtes bei Schulz, im ganzen bestätigt, in Einzelheiten ergänzt. Unsere Hauptquelle ist der ruhige, schon von Sybel benutzte Bericht Natzmers, aber auch diesem begegnet zum Schluß das, was bei der Ähnlichkeit der Vorgänge leicht möglich ist, daß getrennte Vorgänge sich in der Erinnerung gleichsam in einen zusammenziehen. Für die Erzählung bei Schulz ist wieder bezeichnend, daß er sich über die ersten Scenen im Schloß, die Prittwitz nicht mit erlebt hat, mangelhaft unterrichtet zeigt, von dem Augenblick aber, in dem Prittwitz erschienen ist, die Ereignisse zuverlässig und eingehend darstellt.

Vom frühen Morgen an strömten die Menschen im Schloß ab und zu; die Erzählung Rellstabs (Wolff S. 203—6) zeigt, wie dabei Bürger-„Deputationen" improvisiert wurden. Diesen Namen einer Deputation können nur zwei erhalten, bei denen auch Magistratsmitglieder zugegen waren, deren erste unter dem Oberbürgermeister Krausnick nach 8 Uhr, die zweite unter Bürgermeister Naunyn etwa um 10 Uhr erschien. Sybel (S. 442) läßt irrig die erste von Naunyn geführt sein. Das Gesuch der ersten um bedingungslose Zurückziehung der Truppen und um Bürgerbewaffnung hatte die von Sybel nach Natzmer erzählte erste Generalsberatung zur Folge, an die sich ein kurzer Gottesdienst bei der Königin anknüpfte. Nach Natzmer hätte gleich darauf die entscheidende Schlußberatung zwischen dem König, Bobelschwingh und Arnim stattgefunden, Sybel fügt aber hier richtig die von einem anderen Augenzeugen, einem ungenannten General, erzählte größere Beratung mit den Ministern und den Prinzen ein (Perthes S. 537). Diese Beratung wird auch von Gerlach (S. 140) bestätigt, und diesem verdanken wir auch nach der Erzählung des Prinzen von Preußen das Resultat der Verhandlung, welches Krausnick und seinen Begleitern mitgeteilt wurde: daß einem Zurückgehen der Truppen das freiwillige Einebnen der Barrikaden voranzugehen habe. Der sonst hier in den Einzelheiten nicht genaue Schulz stimmt in der Mitteilung dieses Ergebnisses genau mit Gerlach überein (S. 97), da Prittwitz erst während der Beratung, an der er nicht teilnahm, ins Schloß gekommen war, dort aber das Resultat erfahren hat.

Sybel hat dann übersehen, daß nach Schulz (S. 97 f.) gleich darauf Prittwitz zum Bericht befohlen wurde, und daß erst nach dessen Bericht um 10 Uhr die zweite Abordnung unter Naunyn kam mit der falschen Meldung von der schon erfolgten Wegräumung einiger Barrikaden.[1]) Gerlach berichtet uns hier, daß der Prinz von Preußen vergeblich einzugreifen versucht habe. Jetzt erst zog sich, und zwar auf Arnims Anregung

---

[1]) Schulz S. 98, Gerlach S. 140 f.; die Notiz bei Perthes, Preuß. Jahrb. S. 536, ist augenscheinlich Schulz entnommen.

(Schulz S. 100), der König mit ihm und Bodelschwingh zurück. Von großer Wichtigkeit ist die weitere Angabe bei Schulz, daß der König sich noch dieser Abordnung gegenüber gemäß dem Beschluß der letzten großen Beratung ausgesprochen hatte: sobald die Barrikaden „sämtlich geräumt seien, würde er das gegebene Versprechen heilig halten und die Truppen zurückziehen."

Die im Vorsaal Wartenden sahen nun nichts weiter, als daß eine Viertelstunde nach dieser festen Willensäußerung des Königs Bodelschwingh aus dem Kabinett trat und das genaue Gegenteil, das bedingungslose Zurückziehen der Truppen als königlichen Befehl verkündete. Es ist erklärlich, daß die Zeugen des Vorganges, die Bodelschwinghs vorheriges energisches Auftreten gegen diesen Gedanken nicht kannten, nur annahmen, daß er die verhängnisvolle Umstimmung beim König hervorgerufen habe. Aus dieser Auffassung ist eine gelegentliche Erzählung Bismarcks im Jahre 1889 hervorgegangen, der augenscheinlich mit Prittwitz über diese Dinge gesprochen hatte. In der sich daran anknüpfenden Auseinandersetzung mit einem Sohne Bodelschwinghs wurde in einem Artikel der Norddeutschen Allgemeinen Zeitung die von Bismarck vertretene Auffassung nachdrücklich festgehalten.[1])

So erklärlich diese Auffassung ist, so beruht sie doch auf einem Irrtum. Über das, was im königlichen Kabinett in der verhängnisvollen Viertelstunde vorgegangen ist, schweigt sich Bodelschwingh sowohl in seinem Brief an Fallenstein wie auch in seiner veröffentlichten Darstellung vollständig aus und erwähnt nur die Thatsache, daß er den Befehl überbracht hat. Das gerade hier höchst auffällige Schweigen des sonst so offenen Mannes ist nur unter der Voraussetzung erklärlich, daß er damit jemand schonen wollte. Der Einzige, der sich darüber geäußert hat, ist Arnim. Schon Sybel macht mit Recht auf die bis zur Unverständlichkeit geschraubte Ausdrucksweise Arnims in einem zuerst

---

[1]) Die Angaben hierüber sind zusammengestellt bei Poschinger, „Fürst Bismarck und die Parlamentarier", I, Breslau 1894, S. 247 f.

als Handschrift gedruckten Schreiben vom 1. Oktober 1848[1]) aufmerksam; dagegen irrt Sybel, wenn er meint, Arnim habe diese Diskussion beim König in seiner späteren ausführlichen Schrift nicht wieder erwähnt. Arnims Ausdrucksweise in jenem Schreiben weist unzweifelhaft auf die letzte entscheidende Unterredung hin, die „im Kabinett Sr. Majestät" stattgefunden hatte. Dabei erwähnt Arnim mit keinem Wort eine eigene Beteiligung, sondern spricht nur von „Verschiedenheit der Ansichten in den Allerhöchsten Umgebungen" über die Ausführung des Befehls an die Truppen, man habe sich, „wie ich glaube bei der gegebenen königlichen Verheißung mit Recht" entschlossen, ihn „ganz und buchstäblich" auszuführen, d. h. die Truppen bedingungslos zurückzuziehen.

In seinen späteren „Bemerkungen" zu der Schulz'schen Schrift (S. 14 f.) sagt er geradezu, daß er „in jener Unterredung im Kabinett Seiner Majestät" sich „von den Beratungen über das Detail der militärischen Maßnahmen" ferngehalten habe. Ist das schon auffallend, so noch viel mehr der folgende Satz, der der Angabe des Briefes schnurstracks widerspricht: „Ich erinnere mich aber auch nicht, daß in jenem Momente im Kabinett Sr. Majestät von der Frage über die Modalitäten des Zurückgehens der Truppen die Rede gewesen."

Da wir von einer Persönlichkeit wie dem Grafen Arnim keinesfalls annehmen können, daß er je nach Bedürfnis in zwei verschiedenen Verteidigungsschriften von demselben Vorgang genau entgegengesetzte Behauptungen machen kann, so ist der Widerspruch nur durch die Annahme zu beseitigen, daß er in dem Brief völlig konfus die Schlußberatung im Kabinett des Königs mit der großen früheren Beratung im Zimmer der Königin durcheinander wirft. Aber auch dann macht es keinen

---

[1]) Schulz S. 94 f., wo ein Teil dieses Schreibens wieder abgedruckt ist. Ich habe mich vergeblich bemüht, ein Exemplar von diesem Schreiben Arnims wie von einer gleichfalls als Handschrift gedruckten Erklärung des Generals von Prittwitz vom 22. Oktober 1848 zu erhalten. Auch der Katalog der Friedländerschen Sammlung in der Berliner Magistratsbibliothek nennt sie nicht.

guten Eindruck, daß er den Anschein zu erwecken sucht, als ob seine Person bei der Beratung ganz unbeteiligt gewesen sei, während wir durch die Erzählung des ungenannten Generals bei Perthes (Preuß. Jahrb. S. 537) erfahren, daß gerade der heftigste Streit zwischen Arnim und Bodelschwingh geführt worden ist, wobei Arnim immer den bedingungslosen Rückzug der Truppen forderte.

Für die letzte entscheidende Unterredung im königlichen Kabinett haben wir die kategorische Erklärung Arnims einfach anzunehmen, daß er die Komposition seiner Ministerliste für wichtiger gehalten hat als den geradezu über das Schicksal der Monarchie entscheidenden Beschluß über die Truppen. Die Arbeit an der Ministerliste wird auch durch eine Erzählung des Prinzen von Preußen bei Gerlach (S. 142) bestätigt, der, als er gleich darauf zum König kam, Arnim über dies sonderbare Thun Vorstellungen machte, er solle damit doch noch warten. „Nein", war die Antwort, „es ist die höchste Zeit."

Wenn Bodelschwingh also in seinen Aufzeichnungen bei seiner stets bewährten ritterlichen Gesinnung keinen andern als den König schont und dadurch womöglich sich selbst ungerechtem Tadel aussetzt, sucht Arnim seine Person so viel wie möglich aus der bedenklichen Sache herauszuziehen, in einem Punkt im Widerspruch mit einem unzweifelhaft zuverlässigen Bericht, und damit schiebt er die ganze Verantwortung für den seinem früheren Rat entsprechend gegen Bodelschwingh gefaßten Beschluß dem König allein zu. Daß Bodelschwingh binnen wenigen Minuten aus dem heftigsten Gegner einer Maßregel ihr energischer Anwalt geworden wäre, ist einfach widersinnig, wir sehen nur, daß der König, während er bei seinen Worten zu der Bürgerabteilung noch fest zu sein schien, innerlich bereits den Entschluß zum Nachgeben gefaßt hatte, dessen Ausdruck der Rückzugsbefehl war. Seine Überbringung wurde Bodelschwingh als letzte Ministerhandlung übertragen.

Der Befehl zum Rückzug der Truppen und seine Ausführung.

Die Überbringung des Befehls durch Bobelschwingh an die draußen Harrenden und der sich daran anknüpfende Wortwechsel sind von den verschiedenen Berichterstattern, von Bobelschwingh selbst (Diest S. 25), Natzmer (S. 196 f.), Gerlach (S. 141), Schulz (S. 100 f.) in der Hauptsache übereinstimmend geschildert und bei Sybel (S. 446 f.) zusammenfassend wiedergegeben. Die Erzählung, daß der Prinz von Preußen in der Erregung seinen Degen auf den Tisch geworfen: er könne ihn nun nicht mehr mit Ehren tragen, gibt Sybel nach der Mitteilung des Grafen Oriola bei Perthes (S. 536); in anderer Form hat Graf Stillfried Kugler diesen Vorgang geschildert: der Prinz habe den Degen vor dem König selbst niedergelegt mit den Worten, er könne ihm nicht mehr dienen (Dtsch. Rdsch. 62, S. 449), und auffallenderweise hat diese Version auch Varnhagen in seinem Tagebuch (IV, 325 f.), allerdings mit der nötigen grellen Farbengebung. Sie ist deshalb unwahrscheinlicher, weil in jenem Augenblick höchster Erregung der Prinz gar nicht mit dem König zusammen war, und als er ihn nachher traf, sofort den Widerruf der Maßregeln erhielt; der Sinn der Handlung bleibt in jeder Form der gleiche.

Wie sich die Ereignisse in den nächsten Minuten entwickelten, wodurch das Verhängnis trotz des Eingreifens entschlossener Personen seinen Gang ging, dafür waren die ersten Hinweise längst in der Schulz'schen Schrift wenigstens angedeutet, aber von keinem Darsteller beachtet worden. Jetzt können wir durch die ergänzenden Mitteilungen, besonders bei Gerlach, den Gang der Dinge mit voller Deutlichkeit übersehen. Bereits bei Schulz (S. 101) heißt es ausdrücklich, daß Prittwitz den erhaltenen Befehl an berittene Offiziere in der Form gab: "Se. Majestät habe nicht allein das Aufhören der Feindseligkeiten, sondern auch den Rückzug befohlen, jedoch unter der Bedingung, daß die Gegner die Barrikaden niederlegen", d. h. Prittwitz fügte hier eigenmächtig die vom König fallen gelassene Bedingung wieder ein. Diese Form des Befehls ist Gerlach noch eingehender von einem der Adjutanten ausdrücklich bestätigt worden. (II, 49, vgl. I, 142).

Prittwitz konnte natürlich nicht eigenmächtig den Befehl des Königs vollständig umwerfen, die Erklärung gibt uns das gleichzeitige Vorgehen des Prinzen von Preußen beim König, das der Prinz selbst Gerlach erzählt hat.[1]) Der Prinz drang zum König und erreichte sofort die Umwandlung des durch Bodelschwingh überbrachten Befehles in dem Sinn, in dem ihn Prittwitz schon ausgegeben hatte. Es springt in die Augen, daß der Prinz und Prittwitz hier im Einverständnis handelten und der General durch seine Befehlsänderung dem Prinzen die nötige Frist zu seinem Vorgehen schaffen wollte.

Da aber war es das Verhängnisvolle, daß Bodelschwingh die umstehenden Offiziere selbst zur Weitergabe des königlichen Befehls in seiner ursprünglichen, also bedingungslosen Form aufgefordert hatte. Nach Gerlach (S. 141) weigerte sich der Flügeladjutant Brauchitsch, „dies Geschäft zu übernehmen"; aber derselbe ungenannte General, dem wir unsere Kenntnis von der größeren vorletzten Beratung verdanken, berichtet (Preuß. Jahrb. S. 537 f.), daß er selbst einen solchen Befehl, den der Generaladjutant von Neumann genau nach Bodelschwinghs Verkündigung niedergeschrieben, den Truppen überbracht habe.

Wie diese widersprechenden Befehle sich kreuzten, ist uns nicht berichtet, wir können es uns aber leicht denken. Varnhagen erzählt (S. 324): „ich selbst sah einen Offizier, der mit weißem Tuche wehend durch die Straßen ritt und die Truppen, wo er

---

[1]) Gerlach I, S. 139. Das Eintreten des Prinzen beim König und zwar in Begleitung von Bodelschwingh deutet auch Arnim (S. 15) an mit der Zufügung: „es erfolgte hier eine ganz kurze aber lebhafte Erörterung der Meinungsverschiedenheit dieser Allerhöchsten Umgebungen über die buchstäbliche Auffassung und Deutung jenes Allerhöchsten Befehls". Über den Zustand, in dem der Prinz den König gefunden hat, erhalten wir bei Perthes (S. 536 f.) Gerlachs Bericht ergänzende Mitteilungen des Prinzen Friedrich Wilhelm und der Gräfin Oriola.

beren fand, abziehen hieß." Das Durcheinander im Schloß griff eben immer weiter um sich, die unteren Führer konnten nicht mehr wissen, wer Koch und Kellner war. Die Folge war der allgemeine Rückzug Aller. Prinz Hohenlohe gibt gelegentlich (I, 46) eine in ihren sonstigen Einzelheiten entschieden ungenaue, jedoch auf Prittwitz' eigener Darstellung beruhende Erzählung, nach der Prittwitz auf einmal die nach dem Schloß zurück= kehrenden Truppen gesehen habe; „die betreffenden Offiziere hätten ihm auf seine Vorwürfe geantwortet, sie hätten direkte Befehle vom König erhalten, überbracht durch Generalstabs= offiziere in Uniform und Schärpe. Darauf sei er, General von Prittwitz, zum König gerufen und mit Vorwürfen überhäuft worden, daß er die Truppen zurückgerufen."

Die Truppen wurden bekanntlich vor dem Schlosse ver= sammelt. Nach Natzmer (S. 197) war diese nachträgliche Maß= regel von dem General und dem Prinzen verabredet worden, schwerlich aber war noch Zeit vorhanden zu der gleichfalls von ihm erzählten Einholung der Erlaubnis des Königs durch den Prinzen; vermutlich bringt Natzmer irrig das uns schon be= kannte Erscheinen des Prinzen beim König mit dieser Maßregel in Zusammenhang. Von Wichtigkeit ist, daß Natzmer uns hier ausdrücklich das gemeinsame Handeln des Prinzen und des Generals bestätigt.

Nach einiger Zeit erfolgte dann der Abmarsch der Truppen vom Schloß in ihre Quartiere, dessen Veranlassung lange auf irgend ein Mißverständnis zurückgeführt worden ist. Was schon durch Sybels Untersuchung sicher erwiesen ist, können wir jetzt noch nachdrücklich bestätigen: daß der Abmarsch vom Schloß in die Quartiere von keinem anderen als Prittwitz selbst befohlen worden ist, worauf auch ein kurz zuvor zwischen Prittwitz und Gerlach (S. 142) geführtes Gespräch unzweifelhaft hinweist. Was aber für Natzmer ein Rätsel geblieben ist und auch bei Sybel, der seinem Berichte folgt, immer noch einige Unklarheit bestehen läßt, löst sich für uns vollkommen auf, wenn wir den gegen Prittwitz' Willen veranlaßten Rückzug von den Barri= kaden und den von ihm befohlenen Abmarsch vom Schloß trennen.

Wenn Natzmer schreibt: „Der General von Prittwitz, den ich
später mehrmals gefragt, wer den Befehl zum Abmarsch der
Truppen gegeben, blieb immer dabei, er nicht, und er wisse auch
nicht, von wem der Befehl ausgegangen", so hatte Natzmer in
seiner Frage augenscheinlich den Abmarsch vom Schloß, Prittwitz
in seiner Antwort aber den Abmarsch von den Barrikaden im
Auge. In diesem Sinn sind auch die erbitterten Worte Pritt=
witz' vor dem König in Gegenwart Arnims, über welche dieser
sich aufhält (S. 26, 35), ganz klar zu verstehen: Die Truppen
seien ihm „durch die Finger gegangen". Auch Varnhagen bringt
hier inmitten all des von ihm aufgeschriebenen Klatsches eine
entschieden gute Mitteilung (S. 423), wonach Prittwitz auf die
Frage des Königs, wo die Truppen hin seien, wer das befohlen,
geantwortet habe: „Ich nicht, Ew. Majestät! Es müssen un=
mittelbare Befehle an die einzelnen Abteilungen ergangen sein;
ich habe nichts befohlen, die Truppen sind mir aus der Hand
gekommen." Als völlig zutreffend können wir jetzt den Schluß=
satz Varnhagens bezeichnen: „allgemein glaubt man, daß der
König doch in der Angst so befohlen habe, wie er es bald nach=
her nicht gethan haben wollte".

Wenn Prittwitz zu Natzmer sagte, er wisse nicht, von wem
der Befehl zum Rückzug ausgegangen sei, so können wir darin
nur eine rücksichtsvoll schonende Ausdrucksweise finden, genau
ebenso, wie nach der Erzählung des Prinzen Friedrich Wilhelm
an Perthes (Preuß. Jahrb. S. 542) sein Vater im Familien=
kreise im März 1849 gesagt hat, „es stehe noch immer nicht
fest, wer den verhängnisvollen Befehl zum Rückzug der Truppen
gegeben habe". Der Prinz von Preußen und Prittwitz werden
bei sich wohl eine klarere Vorstellung vom Hergang der Dinge
gehabt haben als die meisten anderen Menschen.

Die Konzentration vor dem Schloß konnte nur eine vor=
übergehende Maßregel sein. Schon in der Auseinandersetzung
mit Bodelschwingh hatte Prittwitz den Abmarsch der Truppen
in ihre Quartiere als die ganz unvermeidliche Folge des Rück=
zugs von den Barrikaden hingestellt, außerdem hatte Bodel=
schwingh auf die Frage des Prinzen, ob unter den zu räumenden

Plätzen auch die Schloßplätze zu verstehen seien, nochmals die Worte des Befehls „aus den Straßen und von den Plätzen" wiederholt. Somit war Prittwitz' Befehl die letzte, nun nicht mehr zu umgehende Ausführung des von Bodelschwingh überbrachten königlichen Befehls.

Die äußere Wirkung des ganzen Vorganges wurde durch den Abmarsch vom Schloß verstärkt, der das geschehene Unheil mit massiver Deutlichkeit jedem Menschen vor Augen führte, das eigentliche Verhängnis aber lag im Rückzug von den Barrikaden, die zweite Maßregel war nur die unvermeidliche Folge der ersten.

Die weiteren Maßnahmen, den nun auch notwendig werdenden Abzug der Truppen aus Berlin überhaupt, erzählt Sybel (S. 451 f.) nach Schulz, dessen Bericht wieder durch Gerlach (S. 144) bestätigt wird.

Es sei noch hinzugefügt, daß die Legende, die den rätselhaften Abmarsch vom Schloß hat erklären sollen, daß ein unbekannt gebliebener Adjutant den „mißverstandenen Befehl zum Abziehen" überbracht habe, in diesem Wortlaut im Februar 1849 Bunsen von niemand anderem erzählt worden ist, als vom König selbst. (Bunsens Leben II, 497.)

Die Leichenzüge und die Scenen im Schloß nach dem Abmarsch der Truppen.

Die Scenen, die sich nach dem Abmarsch der Truppen in und bei dem Schloß abspielten, das Heranfahren der Leichen der Barrikadenkämpfer, die damit verbundene Demütigung des Königs und seinen damals gemachten, aber vereitelten Fluchtplan, können wir jetzt bis fast in alle Einzelheiten hinein feststellen. Hier kommen zunächst die Berichte der im Schloß Anwesenden, Natzmers, Gerlachs, des Grafen Stillfried in Betracht, auch Schulz, ferner die Sammlung der Augenzeugenberichte aus der Menge in Wolffs Revolutionschronik und für Einzelnes die Erinnerungen von Werner Siemens und Karl Frenzel.

Nach Natzmers ausgezeichnetem Bericht (S. 199 f.) steht fest, daß gleich nach dem Abzug wieder eine begeisterte Volksdemonstration vor dem Schloß stattfand, um dem König zu danken, und daß dieser und der neue Kultusminister Graf Schwerin sich wiederholt dem Volke zeigten. Die höchst charakteristische Schilderung Natzmers, wie sich durch die begeisterte Bürgermenge der erste mit Leichen beladene und von wüstem Pöbel begleitete Wagen von der Breitestraße her durchbrängte, stimmt vortrefflich zu der kurzen Charakterisierung der Scene durch den auf dem Platz anwesenden Werner Siemens (S. 48, vgl. auch Schulz S. 107). Nach Natzmer trat der König mit seiner Gemahlin auf Minutolis Aufforderung auf den nach dem Schloßplatz gehenden Balkon vor dem Sternensaal, den auch Gerlach (S. 143) als ersten nennt, auf dem der König sich zeigte (ebenso Wolff S. 242).

Wie Natzmer erzählt, haben dann Arnim und Minutoli das Zurückziehen des zur Besatzung gebliebenen Militärs aus den Portalen gefordert, um dem Wunsch des Volkes entsprechend den Weg durchs Schloß frei zu geben; die Truppen seien in das Innere des Schlosses zurückgezogen worden. Natzmer hat hierbei übersehen, daß das Zurückziehen in zwei Etappen geschah, zunächst von den Portalen weg in den Schloßhof, wo die Truppen eng zusammengestellt wurden, was zuverlässig aus Gerlachs Bericht (S. 143) hervorgeht; darauf folgte erst, was auch Gerlach erzählt, „das Verstecken" der Truppen auf den Treppen und Korridoren. Daß die Truppen für die meisten wirklich versteckt waren, zeigen die Erinnerungen Frenzels (Dtsch. Rdsch. 94 S. 370 f.), der im Hofe zugegen war und entschieden annimmt, es seien überhaupt keine Verteidiger im Schlosse gewesen, während es sieben Kompagnien waren, von denen eine den wichtigen Zugang über die Wendeltreppe dauernd besetzt hielt.

Ehe aber der Weg vom Schloßplatz zu den Höfen freigegeben war, muß sich der vom Grafen Stillfried erzählte Vorgang in Verbindung mit dem Versuch, die geplante Flucht auszuführen, ereignet haben (Dtsch. Rdsch. 62 S. 447—51). Nach

Stillfrieds Bericht hatte er selbst den um Mittag an der Wendeltreppe im inneren Schloßhof haltenden einfachen Wagen besorgt und ging das Königspaar erwartend mit Arnim vor dem zum Lustgarten führenden Portale auf und ab. Der Lustgarten, über den die Flucht gehen sollte, muß danach von Menschen frei und das betreffende Portal ohne militärische Wache gewesen sein; alle Aufmerksamkeit scheint man der von dem Schloßplatz drohenden Gefahr zugewandt zu haben. Jedenfalls war noch niemand in den Schloßhof eingedrungen. Da der nachher hinaufeilende Stillfried das zum Wagen herabsteigende Königspaar auf der Wendeltreppe traf, und dieses dann die weiteren Vorgänge auf der Gallerie nach dem Schloßhof abwartete, auf der es dann blieb, so muß die Balkonscene vorhergegangen sein, und somit ist der Zeitpunkt für den von Stillfried erzählten Vorgang ganz genau gegeben. Die Flucht des Königs und der Königin sollte nach ihrem Erscheinen auf dem Balkon ausgeführt werden.

Was dazwischen trat, war das von Stillfried gesehene Herannahen eines zweiten Leichenzuges von der Schloßbrücke über den Lustgarten, und als Stillfried zurückeilend dem König diese Meldung machte, rollte schon der Wagen durch das frei gebliebene Portal ein. Nun wird auch der Zugang vom Schloßplatz freigegeben worden sein, wo sich weitere Leichentransporte eingefunden hatten (Schulz S. 107). Alles drängte nach der zu den königlichen Gemächern führenden, aber von der einen Kompagnie besetzten Wendeltreppe hin. Daß der König mit der Königin von der Gallerie den Vorgängen zugesehen, bestätigen alle Berichte, außer Stillfried und Frenzel auch zwei Gewährsmänner Wolffs (S. 241, 249). Der eine der letzteren erklärt sich in sehr naiver Weise das Zusammentreffen all der gleichmäßig arrangierten Leichentransporte aus den verschiedensten Stadtteilen im Schloß durch einen „grausamen Instinkt", der das alles „ohne eine Verabredung" veranlaßt habe. Frenzel (Dtsch. Rdsch. 94, 370) schildert uns aus der eigenen Erfahrung, wie groß die von den Veranstaltern ja nur bezweckte erbitternde Wirkung dieses Revolutionsmanövers auf das versammelte Volk

Die Überlieferung. Versuch einer Kritik der Quellen.

war. Das Vordringen gegen die Wendeltreppe zum Hinaufbringen der Leichen und der Gesang des Liedes „Jesus meine Zuversicht" sind von den verschiedensten Gewährsmännern übereinstimmend bezeugt.¹) Frenzel, der das erstere von seinem Standpunkt aus wohl nicht bemerkt hat, auch von der militärischen Macht, die immer noch auf der Treppe stand, nichts wußte, meint (S. 371): „Der gutmütige Charakter der Berliner that das seine, keinem fiel es ein, die Wendeltreppe hinaufzustürmen oder die Glasthüre vor den königlichen Gemächern zu zerschlagen."

Wo hat sich nun die bekannte Episode abgespielt, daß der König auf einen Zuruf aus der Menge sein Haupt entblößte? Gerlach (S. 143) sagt nur allgemein, daß der König die Mütze vor den Leichen abgenommen habe, Wolff (S. 249) scheint es mit der Scene im Schloßhof in Verbindung zu bringen. Die Berichte der im Schloßhof zugegen Gewesenen sagen jedoch nichts davon. Varnhagen, der hier eine außer seinen Bemerkungen über die Vorgänge im Schloß mit den übrigen Nachrichten übereinstimmende Schilderung gibt (S. 321 f.), sagt ausdrücklich, daß der König auf dem Altan nach dem Schloßplatz hinaus stand, als der Ruf ertönte „die Mütze herab". Dieser Ruf ist auch wahrscheinlicher als das „Hut ab" bei Wolff. Varnhagen schließt an dieser Stelle: „die Örtlichkeit nach den sorgfältigst erfragten Angaben festgestellt".

Daß der König sogar zu den Leichen in den Hof herabgekommen sei, findet sich zwar überall in den geschichtlichen Erzählungen, auch noch in dem Buche von Hans Blum, nicht aber in den Berichten der Augenzeugen. Vielleicht hat die betreffende Stelle in Freiligraths Gedicht „Die Toten an die

---

¹) Der von dem einen Wolff'schen Gewährsmann (S. 240) hier erwähnte Plan, zum König vorzudringen, um ihn „zu veranlassen, sofort ein eigenes Dokument darüber auszustellen, was er uns in Betreff der neuen Verfassung und anderer Freiheiten mündlich versprochen hatte", erinnert wieder auffallend an den schon für den 18. ausgegebenen Plan, den wir durch Bodelschwingh (Diest S. 19) kennen.

Lebendigen" zur allgemeinen Verbreitung dieser Legende beigetragen.

Gerlach (S. 143), der übrigens in Verwechslung mit dem Erscheinen des Königs auf der Gallerie ihn auf den „Balkon nach dem Lustgarten" treten läßt, spricht auch von seinem Erscheinen auf der Terrasse nach dem Lustgarten. Das Gleiche melden Leo in der Signatura temporis (S. 34 f.), vielleicht nach Minutoli, der dabei mitgewirkt hat, und ein „authentischer Bericht" bei Wolff (S. 243 f.). Hier aber ist der König nicht vor den Leichen und dem sie begleitenden Revolutionspöbel, sondern vor den versammelten Berliner Gewerken erschienen, und er hat diesen, nicht etwa jenen Männern der Revolution, die bekannte Bewilligung der Bürgerbewaffnung erteilt.

— Ein besonderes Wort ist noch über die hier ein Muster von Konfusion bietenden thatsächlichen Angaben Arnims nötig, die er über diese Vorgänge an verschiedenen Stellen seiner Verteidigungsschrift gibt (S. 25, 32 f., 50). Überall sehen wir, daß er die Bilder der auch uns bekannten eindrucksvollen Vorgänge vor Augen hat, auch solcher, die wir sonst nur vom Grafen Stillfried erfahren, aber das alles in einem geradezu wüsten chronologischen Durcheinander. So behauptet er zweimal, schon beim ersten Heraustreten den Pöbel im Schloßhof gesehen zu haben, und will danach erst, sogar nach einer Reihe dazwischen liegender Vorgänge, mit dem König auf den Balkon zum Schloßplatz getreten sein; als er von dem von Menschen erfüllten Hofe zum Könige eilte, soll man das eine Mal dort die erste Kunde von den Ansammlungen auf dem Schloßplatz erhalten haben, das andre Mal will er die Kunde von dem über den Lustgarten nahenden Leichenzug gebracht haben, der, wie wir wissen, als erster den bis dahin leeren Hof betrat.

So geht ihm alles durcheinander, die letzten Ereignisse will er am Anfang, die ersten zuletzt erlebt haben, mit demselben Augenblick verknüpft er einmal dies, das andre Mal ein andres Ereignis. Es ist ein Übermaß verwirrter Erinnerung, das besser als irgend etwas anderes einen Rückschluß auf die innere Verfassung Arnims während der Ereignisse gestattet.

Die Überlieferung. Versuch einer Kritik der Quellen. 73

Der Fluchtplan des Königs.

Mit großer schonender Zurückhaltung behandelt Arnim auch sein eigenes entscheidendes Eingreifen gegenüber dem wiederholt hervortretenden Plan, den König aus Berlin zu entfernen, den wir am Mittag des 19. der Ausführung am nächsten gesehen haben. Er war schon zweimal vorher gefaßt und aufgegeben worden; im ganzen ist er fünfmal aufgetreten.

Erster Plan. Bisher ist die Notiz bei Schulz (S. 16 f.) und Leo (S. 21) ganz unbeachtet geblieben, daß der König schon am 16. März die Absicht gehabt habe, nach Potsdam zu gehen; jetzt wird die Thatsache durch Gerlach (S. 133) bestätigt, nach einer Erzählung des Königs selbst. Wir erfahren auch von dem starken Widerspruch dagegen; der Grund des Unterlassens war das Unwohlsein der Königin.

Zweiter Plan. Die von Perthes mitgeteilte Erzählung des ungenannten Generals, die wir öfters erwähnt haben, enthält in einer bei Sybel (S. 443) wiederholten Veröffentlichung der „Kreuzzeitung" vom 16. März 1889 einen bei Perthes fehlenden Satz: „am 18. März nachts verließ ich das Schloß, nachdem ich alles zur Fahrt des Königs und der Königin nach Potsdam hergerichtet". Mehr als diese Thatsache erfahren wir nicht; Sybels Vermutung „wahrscheinlich eigenmächtig", greift wohl fehl, da der Plan ja seit zwei Tagen bestand und besprochen worden war, was Sybel allerdings nicht wußte.

Der dritte Plan führte zu dem vorhin ausführlich geschilderten Fluchtversuch vom Mittag des 19. März.

Vierter Plan am Abend des 19. März. Sybel (S. 443 Note 4) kennt vom 19. nur diesen Plan zur Flucht am Abend. Natzmer (S. 201) sagt am Schluß seines Berichtes über den 19. März, daß der König am Abend mit der Königin nach Potsdam habe reisen wollen, was aber Graf Arnim nicht zugelassen habe, „er widersetzte sich fast mit Gewalt diesem Vorhaben und meinte, es würde nach des Königs Abreise sogleich die Republik proklamiert werden". Graf Stillfried (Dtsch. Rdsch.

S. 448) gibt an, daß die Flucht am Abend zu Wasser bewerkstelligt werden sollte. Bei dem Zustand auf den Straßen ist das sehr verständlich, jedenfalls aber waren auch Vorbereitungen zu einer Flucht im Wagen getroffen, wie Graf Pourtalès, der den Wagen selbst besorgt hat, Perthes erzählte (Preuß. Jahrb. S. 539). Die Form, in der Graf Arnim hier dem König entgegengetreten ist, ist Perthes in verschiedener Weise mitgeteilt worden (S. 539 f.), die Thatsache seines Widerstandes erwähnte auch der König am Tage darauf vor Natzmer (S. 205)

Bei Schulz (S. 106) ist der Vorschlag eines Offiziers nach dem Abmarsch der Truppen erwähnt, den König inmitten der beiden Bataillone der Schloßbesatzung nach Potsdam zu führen.

Fünfter Plan. Gerlach (S. 145) gibt eine Erzählung Uhdens, daß der König diesem „am Montage", d. h. dem 20., nachdem er gerade „die Polen habe frei lassen müssen", seine Absicht, nach Potsdam zu gehen, erklärt habe, aber von Arnim nachdrücklich daran verhindert worden sei. Auch Natzmer (S. 204 f.) erwähnt ausdrücklich die Wiederaufnahme des Fluchtplanes am 20., nur daß der König zu ihm gesagt habe, er wolle sich nach Stettin begeben. Natzmer war sehr für den Plan eingenommen, aber auch hier scheint es nach seiner Erzählung schließlich wieder Arnim gewesen zu sein, der die Sache verhindert hat, da der König mit ihm darüber reden wollte. Die Rolle, die Arnim bei diesen Vorgängen gespielt hat, steht somit außer jedem Zweifel, in seinen eigenen Angaben freilich ist auch nicht die geringste Andeutung von seiner Thätigkeit nach dieser Richtung enthalten.

www.ingramcontent.com/pod-product-compliance
Lightning Source LLC
Chambersburg PA
CBHW030123240426
43673CB00041B/1384